부자들의 가계부

· 마이너스 가계부 탈출 프로젝트 ·

부자들의 가계부

박종기 (머니앤리치스 대표) 지음

청림출판

한 그루의 나무가 모여 푸른 숲을 이루듯이
청림의 책들은 삶을 풍요롭게 합니다.

프롤로그

부자의 꿈을 실현하라!

돈 때문에 아파도 참고 일합니다

얼마 전 참 의외의 인물이 제 사무실로 찾아왔습니다. 보기에도 연세가 지긋하신 그분은 본인이 이름만 들어도 다 알아주는 인간문화재라고 소개했습니다. 무엇보다 사무실로 들어서는 그분의 차림새가 예사롭지 않아 한눈에도 특별한 일을 하는 분이라는 걸 알 수 있었습니다. 바지저고리에 두루마기를 갖춰 입고, 갓까지 쓴 모습을 보고 있자니 조금 당황스럽기도 했습니다. 그런데 신발은 하얀색 나이키 운동화를 신으셨더군요. 참 인상적인 모습이었습니다.

그분은 무겁게 입을 열며 이야기를 시작하셨습니다.

"내 나이가 이제 칠순을 바라보는데, 힘든 공연을 멈출 수가 없네요. 지난달에는 연주를 하던 중에 현기증이 나서 병원에 이틀씩 누워 있기도 했습니다."

"연세도 있으신데 연주를 그만하고 편히 쉬시는 게 어떻겠습니까? 인간문화재가 될 정도로 정상에 오르셨는데 이제 건강을 생각하셔야지요."

국악에 대한 열정과 신념으로 연주를 멈추지 못하는 분이라고 짐작했는데 그분의 대답이 뜻밖이었습니다.

"저도 그러고 싶지요. 실은 작년에도 힘들어서 집에서 쉬고 있는데, 아내가 통장을 보여주면서 빚이 4억 원이 넘는다고 합니다. 애들은 아직 대학생인데, 대출 이자에 학비까지 대야 한다고 생각하니 눈앞이 캄캄합니다. 아무리 몸이 아파도 쉴 수가 있어야지요."

직업적으로 성공을 이루고 다른 사람들에게 그 성과를 인정받는다 하더라도 돈이 없으니 이렇게 처량해집니다. 지금까지 재테크 상담을 해오면서 경제적으로 어려움을 겪는 분들을 많이 만났습니다. 그 가운데에는 겉으로는 화려해 보여도 실상은 그렇지 못한 전문직 종사자들도 많았습니다.

남 보기에는 당당하게 성공한 삶으로 보여도 막상 돈 걱정으로 편할 날이 없다면 어떻겠습니까? 자신의 일에서 성공하는 것, 어찌 보면 그것은 반쪽짜리 성공에 불과합니다. 직업적 성공 외에 경제적 성공까지 더해져야 비로소 완벽한 성공이라 할 수 있을 것입니다.

부자 되는 진짜 비결을 알려 드립니다

흔히 돈을 모으고 자산을 형성하려면 재테크와 관련된 지식이 많고 여러 가지 정보에 밝아야 한다고 생각하기 쉽습니다. 직장 동료인 두 사람의 대화를 가정해봅시다.

"요즘 대세가 ETF(상장지수펀드)인데, 아직도 모르나? 요즘 같은 때에 수익률이 10퍼센트가 넘는다니까."

"재테크에 관심도 갖고 공부도 좀 해. 자네나 나나 나이도 있고, 이제 정년도 얼마 안 남았잖아."

"허허, 난 그런 건 잘 몰라서."

"그러니까 여태까지 그렇게 사는 거야. 지금까지 얼마나 모았나?"

"글쎄, 그러니까 집이 두 채 있고, 통장에 한 3억 원 정도 있나? 집사람 거하고 합치면 한 5억 원은 넘을걸."

"자네는 얼마나 있는가? 아직 전세에 살고 있다고 했지?"

"……."

재테크, 많이 안다고 해서 반드시 잘하는 것은 아닙니다. '그래도 기본적인 상식이 있어야지, 나는 정말 아무것도 몰라.' '어느 정도 가진 게 있어야 돈을 모으든지 불리든지 하지. 몇 푼 되지도 않는 돈 모은다고 부자가 되겠어?' 이렇게 생각하는 사람들은 하는 말이 한결같습니다.

"특별히 쓰는 것도 없는데 남은 돈이 없어요."

정말 잘 썼는데도 돈이 없을까요? 그렇다면 돈을 더 벌어야 합니다. 꼭 필요한 곳에만 돈을 쓰는데도 남는 게 없고 그래서 모을 돈이 없다면 해결책은 한 가지입니다. 돈을 더 버는 것이지요.

"돈을 잘 버는 편인데도 통장에 돈이 없어요."

많이 벌고 있지만 남은 돈이 없다면 어떻게 해야 할까요? 그렇다면 쓰는 걸 줄여야 합니다.

이처럼 단순한 것이 돈 관리입니다. 재테크에 지식이 필요하다고 생각한다면 바로 이 평범한 진리부터 깨달아야 합니다. 정말 아껴 쓰는데도 남은 돈이 없다면 더 벌어야 하지만 그 전에 돈을 제대로 쓰고 있는지 냉정하게 점검부터 해야 합니다.

지출을 줄이지 않고서는 아무리 재테크를 잘해보겠다며 방법을 찾아 헤매도 그리 도움이 되지 않습니다. 왜 그럴까요? 그것은 바로 돈 관리의 근본이 잘못되었기 때문입니다.

안다고 말만 하지 말고 실천해보세요

세상에 알려진 부자가 되는 방법은 많습니다. 부자가 되는 방법을 알려주는 책부터 각종 재테크 정보가 넘쳐나고 부자들의 명언과 철학에 이르기까지 그

비결만 수천 가지에 이릅니다. 이 많은 비결들을 모아서 하나로 요약한다면 어떻게 될까요?

"적게 쓰고 많이 모아라."

누구나 알고 있는 사실입니다. 하지만 누구나 다 아는 얘기라고 해도 이를 직접 실천하는 사람은 그리 많지 않습니다.

다이어트에 성공하려면 어떻게 해야 할까요?

"적게 먹고 운동을 많이 하라."

이 말 역시 누구나 다 알고 있는 다이어트의 불문율입니다. 하지만 정작 실천하고 있는 사람은 얼마나 될까요?

상담을 받기 위해 찾아오는 사람들의 이야기는 대부분 비슷합니다. 공통적인 얘기는 돈을 모으고 싶어도 돈이 없고, 앞으로 자녀 교육은 어떻게 시킬지, 노후는 어떻게 준비해야 할지 막막하다는 것입니다.

"돈이 안 모이면 지금부터 저축하면 되지요. 자녀 교육비와 노후 자금도 따로 저축해서 돈을 모으면 됩니다."

실제로 이 사실을 몰라서 찾아오는 사람은 없습니다. 그저 걱정만 하고 있을 뿐, 방법을 알면서도 실천하지 않기 때문에 시간은 흘러가고 불안한 미래가 닥쳐오는데도 항상 똑같은 고민에서 벗어나지 못하는 것입니다.

재테크, 잘하고 싶습니까? 그렇다면 한 가지만 명심하면 됩니다.

"재테크는 방법이 아니라 실천이다."

재정적으로 어려움을 겪고 있거나, 지금보다 더 나은 삶을 희망하는 사람들에게는 실천을 위한 단계적인 방법이 필요합니다. 이 책에서 소개한 김혜은 씨 부부의 사례도 마찬가지입니다. 부부는 아껴 써야 한다는 사실에 공감했고, 저축을 더 해야 한다는 사실도 잘 알고 있습니다. 하지만 매달 빠듯한 상황에 그럴 엄두를 못 내고, 저축을 늘려야지 하면서도 매번 실패를 거듭해왔습니다.

김혜은 씨 부부에게 단계적으로 실천할 수 있는 구체적인 방법을 소개한 다음, 이 방법을 먼저 실천한 사람들에게 일어난 재정적 변화에 대해서도 알려주었습니다. 방법이라 해야 그리 어려운 것도 아니고, 누구나 한번쯤 해볼 만한 것들이었지만 이후에 벌어진 변화는 실로 놀라웠습니다. 부부는 당장 1단계부터 시작했고 마지막 7단계에 들어서자 비로소 원하는 인생을 사는 기분이라고 말했습니다.

지금은 재테크의 시대가 아니라 재정관리의 시대입니다. 이 책은 이들이 실천한 7단계 재정관리 프로그램을 그대로 담았습니다.

- 1단계에서는 재정 상태부터 먼저 파악할 것입니다. 자산과 부채 현황을 파악해 문제점과 해결책을 찾을 수 있기 때문입니다.
- 2단계에서는 'ABC 가계부'를 쓰면서 줄줄 새는 낭비 지출을 찾아내 지출을 줄입니다. 현금흐름을 직접 살펴보면서 자신의 돈이 어디로 흘러가는지 정확하게 파악합니다.
- 3단계에서는 대출이 있는 경우 제일 먼저 대출 상환 계획을 세웁니다. 줄어든

생활비만큼 빚 갚는 속도가 늘어날 것입니다.
- 4단계는 본격적인 재테크의 시작인 종잣돈 모으기 단계입니다. 종잣돈을 모으는 원칙을 따라 한다면 도중에 포기하는 일을 줄일 수 있습니다.
- 5단계는 내 집 마련 단계입니다. 부동산 하락기에 주거용 집은 어떤 게 좋을지, 미리 계획을 세워 준비한다면 본인에게 적합한 주택을 마련할 수 있습니다.
- 6단계에서는 자녀의 미래를 위한 자립금과 노후자금을 마련하는 계획을 세웁니다.
- 마지막 7단계에서는 현재 고정적인 수입 외에 추가 수입을 올리기 위한 준비를 시작할 것입니다. 추가 수입을 확보하게 되면 재정적인 목표를 훨씬 더 빨리 이룰 수 있게 됩니다.

1단계에서 7단계까지 차근차근 따라 실천한다면 그동안 바꾸기 힘들었던 낭비하는 습관을 없애고 저축하는 습관을 들일 수 있습니다. 게다가 자산이 불어나는 즐거움까지 맛보게 될 것입니다. 이 책을 펼치고 펜을 들어 직접 기록한다면 5년 후, 10년 후 당신의 모습은 달라져 있을 것입니다.

독자 여러분의 행복하고 풍요로운 인생을 응원합니다.

박종기

• 차례 •

프롤로그 | 부자의 꿈을 실현하라! • 5

재정관리 1단계 우리 집 자산 현황 파악하기 • 14

재정관리 2단계 ABC 가계부 쓰기 • 36

재정관리 3단계 대출 상환하기 • 162

재정관리 4단계 종잣돈 모으기 • 172

재정관리 5단계 내 집 마련 계획 세우기 • 184

재정관리 6단계 자녀 자립금 및 노후자금 마련하기 • 196

재정관리 7단계 추가 소득을 위한 자기계발 재테크하기 • 220

: 재정관리 1단계 :

우리 집 자산 현황 파악하기

추운 겨울이 지나고 새싹이 돋아나는 계절에 시작하는 세미나는 항상 활기가 넘칩니다. 이번 세미나에도 다양한 사람들이 모여 기대감에 찬 표정으로 시작을 기다리고 있습니다. 제일 앞자리에는 김혜은 씨가 혼자 앉아 있었습니다.

김혜은 씨는 먼저 자기소개를 한 뒤 결혼한 지 5년이 넘었지만 모아놓은 돈은 없고, 네 살된 딸아이 앞으로 들어가는 돈이 점점 늘어나다 보니 앞날이 불안하다고 얘기했습니다.

"저희 집은 남편이 문제인 것 같아요. 사실 월급은 제가 더 많은데 쓰는 건 항상 남편이 더 많이 쓰거든요. 이번에도 생활비 때문에 남편 앞으로 가입한 적금을 깨기로 했는데, 유정이 학자금은 급한 게 아니라며 그걸 깨더라고요. 정말 생각이 없는 것 같아요."

이 말에 여자 참석자들이 고개를 끄덕이며 호응을 합니다.

그러자 어디선가 남자 목소리가 들려왔습니다.

"원래 남자들이 사회생활하다 보면 돈 쓸 데가 많답니다. 허허."

"뭔 소리예요, 술값으로 다 쓰면서, 살림하는 여자들은 매니큐어 하나 자기

맘대로 못 사고 겨우 몇천 원 아껴서 애들 과자나 좀 사고 그러는데, 자기들은 할 거 다 하고 다니면서……."

"맞아요, 이 옷 좀 봐. 결혼할 때 산 옷인데 10년 넘게 입고 있다니까."

돈 때문에 싸움과 걱정이 끊이지 않는 날들

잠시 후 소란스러운 분위기가 진정되자 혜은 씨는 얘기를 계속했습니다.
"언제부턴가 남편과 말다툼이 잦아졌어요. 월말에 카드 명세서가 오면 꼭 싸우게 되더라고요. 남편은 다 필요해서 썼다는데 전 이해할 수가 없어요. 오히려 저보고 아껴 쓰라며 화를 내니까요. 아무튼 저는 이번 세미나를 통해 더 이상 돈 때문에 싸우거나 걱정하는 일이 없었으면 하는 바람입니다."

잠시 후 맨 뒤에 앉아 있던 남자가 뜸을 들이며 걸어나왔습니다. 머리를 긁적거리다가 자기소개를 시작했습니다.

"저는 이 사람의 남편 되는 사람입니다."

남자의 손이 맨 앞줄에 앉은 혜은 씨를 가리키자 모두들 놀란 표정을 짓다가 이내 재미있다는 반응을 보였습니다. 부부가 함께 참석해서 이렇게 멀리 떨어져 앉는 경우는 처음이었습니다.

"저요, 진짜 아껴 쓰거든요. 친구들과 술자리도 어쩌다 한번 나가고 취미 같은 것도 없고, 출퇴근하면서 겨우 밥만 먹고 다니는데, 아내는 볼 때마다 돈 좀 아껴 쓰라고 해서 정말 미치겠더라고요. 회사에선 제가 짠돌이입니다. 오죽하면 제 별명이 '새우젓'이라니까요."

말이 없을 것 같았던 남편은 말문이 한번 터지니 멈출 줄 몰랐습니다.

"제 아내는요, 툭하면 커피 마시고, 도넛 사가지고 들어오고, 저녁에는 피곤하다며 배달 음식을 시킵니다. 유정이는 좋은 것만 먹어야 한다면서 유기농 제품만 사고, 화장품은 또 왜 그리 비싼 것만 찾는지……."

남편은 마지막으로 아내 등쌀 때문에 머니세미나에 참석하게 됐고, 어릴 때에는 부자가 되는 것이 꿈이었다는 얘기도 쑥스레 덧붙였습니다.

쓴 것도 없는데 통장엔 남는 게 없다

'쓴 것도 없는데 돈이 어디로 새는지 모르겠다.' 머니세미나에 찾아오는 사람들이 가장 많이 하는 얘기입니다. 왜 별로 쓰지도 않았는데 돈이 없을까요? 그건 돈을 습관적으로 소소한 곳, 써도 별로 티도 안 나는 곳에 썼기 때문입니다. 그래서 사람들은 자각을 못하고 돈이 없어졌다며 하소연하는 것입니다.

재정관리의 1단계는 자신의 재정 상태부터 먼저 파악하는 것입니다. 몸이 아파서 병원에 가면 제일 먼저 몸 상태를 알기 위해 여러 가지 검사를 합니다. 정확한 상태를 알아야 정확한 처방을 내릴 수 있듯이, 분명한 계획을 세우고 실천하기 위해 먼저 우리 집 재정 상태를 꼼꼼히 따져봐야 합니다.

돈 때문에 싸우고, 힘들어하고, 걱정하던 김혜은 씨 부부에게 '우리 집 재정 현황표' 양식을 건네주면서 작성법을 알려주었습니다. 부부가 함께 작성해야 하기에 혜은 씨와 남편은 자리를 옮겨 함께 앉았고, 꼼꼼히 적기 시작했습니다.

우리 집 재정 현황표 작성 요령

가장 먼저 가족 구성원의 이름과 현재 나이를 적습니다. 이 단계에서는 예상 은퇴 나이를 정하는 게 중요합니다. 은퇴까지 남은 기간을 산정해 재정적 목표를 정할 수 있기 때문입니다. 이 기간을 계산해보면 앞으로 돈을 벌 수 있는 기간이 그리 길지 않다는 사실을 깨닫게 될 것입니다.

자녀의 경우 대학 진학까지 남은 기간을 계산해보면 자립금 및 학자금 마련에 필요한 저축액을 예상할 수 있습니다.

다음으로 현재 보유한 자산의 목록을 작성합니다. 자산 현황에서 현금성 자산은 은행의 예금이나 적금, CMA(종합자산관리계좌) 등 1개월 이내 현금 인출이 가능한 자산으로 대부분 원금 보장이 가능한 상품입니다.

투자 자산은 주식, 펀드, 채권 등 수익을 내기 위한 투자 목적의 자산입니다. 펀드의 경우 해약을 하면 현금을 받을 수 있지만 마이너스 손실 시 쉽게 해약이 어렵기 때문에 투자 자산으로 분류합니다.

부동산 자산은 투자 자산에 속하지만 편의를 위해 별도로 구분해 적습니다.

부채 현황은 대출과 관련한 모든 내역을 적습니다. 주택담보대출, 전세자금대출, 마이너스통장, 카드론, 현금서비스, 빌린 돈 등 원금과 이자를 명확히 적기 바랍니다.

그럼, 김혜은 씨 부부의 재정 현황을 살펴보겠습니다.

1. 우리 가족

이름	나이	예상 은퇴 나이	은퇴까지 남은 기간	대학 입학까지 남은 기간	비고
하지웅	35세	60세	25년		직장인
김혜은	32세	50세	18년		직장인
하유정	4세			15년	유치원

︙ 남편과 아내 각각 은퇴까지 25년과 18년이 남았으니, 이 기간 동안 내 집 마련과
︙ 투자를 위한 종잣돈 모으기, 노후 준비까지 마쳐야 합니다. 자녀인 유정이를 위

한 학자금 및 자립금 마련에는 15년이 남아 있으니 지금부터 준비한다면 아직은 여유가 있습니다.

2. 자산 현황

현금성 자산: 은행의 예금, 적금, CMA, MMF(머니마켓펀드) 등 1개월 내에 현금 인출이 가능한 자산

구분	소유자	금융기관 상품명	가입 일자	만기 일자	매월 납입 금액	잔액	금리	목적
★1 적금	하지웅	국민은행 직장인 적금	2011.4.5	2014.2.5	20만 원	220만 원	3%	종잣돈 마련
적금	하지웅	우리은행 청약종합저축	2010.3.4			2만 원	4%	내 집 마련
합계					20만 원	❶ 222만 원	평균 3.5%	

★1 : 6개월째 납입 못하고 있음

결혼 전 모은 돈은 전셋집을 마련하는 데 썼고, 아이가 태어난 뒤로는 생활비가 늘다 보니 돈을 모으지 못했습니다. 남편은 큰맘 먹고 매달 20만 원씩 납입하는 적금을 들었지만 1년 정도 납입하고 지금까지 방치해두고 있습니다. 이것마저도 이달 카드값 때문에 곧 해지를 해야 합니다. 청약통장에는 가입할 때 냈던 2만 원이 남아 있을 뿐 그대로입니다.

투자 자산: 주식, 펀드, 금, 채권 등 투자를 위한 자산

구분	소유자	금융기관 상품명	가입 일자	만기 일자	매월 납입 금액	총 납입 원금	잔액	수익률	비고
★2 펀드	김혜은	삼성증권 인덱스펀드	2011. 9. 5	2014. 9. 4	20만 원	260만 원	275만 원	6%	평가 금액
합계					20만 원	260만 원	❷ 275만 원	6%	

★2 : 13개월까지 납입 후 현재 중지된 상태

남편이 적금을 들 때, 혜은 씨는 펀드를 택했습니다. 수익은 꾸준히 나고 있지만 남편과 마찬가지로 1년 정도 납입하고 지금까지 중지되어 있어 수익률은 높지 않습니다. 적금과 펀드를 꾸준히 납입했다면 현금 자산이 1,000만 원이 넘었을 텐데 아쉽습니다. 안정적인 저축을 위한 지출 관리가 시급해 보입니다.

부동산 자산: 주거용 부동산, 투자용 부동산, 전세 보증금, 월세 보증금, 토지 등 부동산 관련 모든 자산

구분	소유자	사양	구입가	현재 평가액	구입일	부채	목적	비고
전세 보증금	하지웅	79.3㎡ (24평)	1억 원	1억 원	2009. 5. 9	3,000 만 원	주거	2014. 5. 8 만기
토지	하지웅	991.7㎡ (300평)	증여	5,000 만 원	2009. 3. 6		투자	부모님께 증여받음
합계				❸ 1억 5,000 만 원				

- 김혜은 씨 가족의 부동산 자산은 전세보증금과 부모님으로부터 증여받은 땅이 있습니다. 현재 5년 전 신혼집으로 장만했던 수도권 아파트에서 그대로 살고 있는 중입니다.

은퇴 자산 : 국민연금, 개인연금, 퇴직연금 등 은퇴 이후 사용할 자산

구분	소유자	수령 나이	수령 기간	월 납부액	총 납입 원금	예상 수령액	금융 기관	비고
국민연금	하지웅	65세	종신		1,230만 원	80만 원		직장
국민연금	김혜은	65세	종신		780만 원	60만 원		직장
★3 개인연금	하지웅	60세	종신	20만 원	300만 원	50만 원	삼성생명	개인
퇴직연금	하지웅	60세	미정	11만 원	487만 4,800원	미정	국민은행	직장
합계						190만 원 + α		

★3 : 납입 중지된 상태

:::
노후 준비로 국민연금과 퇴직연금, 개인연금에 모두 가입되었지만 네 개 연금 중 세 개가 남편 명의로 되어 있습니다. 평균 수명은 여성이 더 길다는 점을 감안한다면 개인연금의 경우 김혜은 씨가 먼저 가입하는 게 순서입니다.
:::

> 국민연금은 국민연금공단 홈페이지(www.nps.or.kr) '내 연금 알아보기'에서 납부 금액과 예상 수령액 조회가 가능하며 '콜센터 1355'를 통해서도 확인할 수 있습니다. 개인연금과 퇴직연금은 각 보험사나 금융사 문의하면 납부 금액과 예상 수령액을 알 수 있습니다.

3. 부채 현황

구분	대출자	금융기관	금액	대출일	만기일	이자	월 이자액	월 상환액	비고
전세자금	하지웅	우리은행	3,000만 원	2012.5.9	2014.5.8	4.5%	11만 2,500원	이자만 지급	만기 일시 상환
신용	하지웅	우리은행	600만 원	2012.9.7	2014.9.6	7%	3만 5,500원	이자만 지급	마이너스 통장
합계	2건		❹ 3,600만 원				17만 8,000원		

- 김혜은 씨 부부는 총 3,600만 원의 대출금이 있습니다. 남편은 비상자금 목적으로 주거래 은행에서 마이너스통장대출을 받았는데 지금은 대출이 600만 원에 이르는 상황입니다.

: 우리 집 자산 합계 :

자산 합계 ❶ + ❷ + ❸	1억 5,497만 원	은퇴 자산 제외
부채 합계 ❹	3,600만 원	
총 합계 ❶ + ❷ + ❸ - ❹	1억 1,897만 원	

하지웅, 김혜은 가족의 총 자산은 <u>1억 1,897만 원</u>입니다.

자산 현황을 보면서 느낀 점을 김혜은 씨가 적었고, 남편은 멀뚱히 바라만 보았습니다.

 느낀점

우리 집 자산 현황표를 보면서 느낀 바를 그대로 적어봅니다.

결혼 이후 모은 돈이 500만 원도 안 된다는 사실이 충격적이다.
신혼 때 남편은 10년 안에 내 집 마련하고, 중형차 타면서
아이들은 좋은 사립학교에 보내자며 큰소리 뻥뻥 쳤는데
이대로라면 내 집은커녕 지금 살고 있는 전셋집도 유지할 수 있을
지 걱정이다.

> 결혼 전엔 매년 1,000만 원 이상 꾸준히 모았는데, 결혼하고부터는 매년 천만 원씩 까먹고 있다.
> 앞으로 어떻게 살아야 할지 막막하다.
> 이게 다 결혼을 잘못한 내 탓이다.

우리나라 사람들의 평균 자산은 어느 정도 될까요?
KB금융지주 경영연구소가 25~59세 남녀 3,700명을 대상으로 조사한 결과, 조사 대상 가구의 총 자산은 평균 4억 1,200만 원으로 집계됐습니다. 이 가운데 부동산 자산이 75.5퍼센트로 4분의 3을 차지했고 금융자산 비중은 20.4퍼센트였습니다. 20대가 가구주인 가구는 평균 총 자산이 1억 3,000만 원이었고, 30대는 2억 5,000만 원, 40대는 평균 4억 2,000만 원, 50대는 5억 9,000만 원을 보유하고 있었습니다.

김혜은 씨 가족의 경우 30대 평균 자산인 2억 5,000만 원의 절반 수준으로 자산 보유 비중이 낮은 편입니다. 부모님께 물려받은 5,000만 원을 제외한다면 평균에 한참 모자란 수준으로 그동안 얼마나 저축을 안 했는지 알 수 있습니다.

두 사람이 머니세미나에 찾아왔을 때 얘기했던 "미래를 생각하면 잠이 안 온다"는 말이 실감이 됩니다. 40대에는 평균 자산인 4억 원 이상을 보유하려면 지금부터 열심히 재정관리를 통해 저축을 늘려야겠습니다.

이제부터 여러분 차례입니다.
우리 집 재정 현황을 차근차근 작성하면서 현재 상태를 면밀히 파악해보기 바랍니다.

날짜　　　년　　월　　일

1. 우리 가족

이름	나이	예상 은퇴 나이	은퇴까지 남은 기간	대학 입학까지 남은 기간	비고

2. 자산 현황

현금성 자산

구분	소유자	금융기관 상품명	가입 일자	만기 일자	매월 납입 금액	잔액	금리	목적
합계								

투자 자산

구분	소유자	금융기관 상품명	가입 일자	만기 일자	매월납입 금액	총납입 원금	잔액	수익률	비고
합계									

부동산 자산

구분	소유자	사양	구입가	현재 평가액	구입일	부채	목적	비고
합계								

은퇴 자산

구분	소유자	수령 나이	수령 기간	월 납부액	총 납입 원금	예상 수령액	금융 기관	비고
합계								

3. 부채 현황

구분	대출자	금융기관	금액	대출일	만기일	이자	월 이자액	월 상환액	비고
합계									

: 우리 집 자산 합계 :

자산 합계	원	은퇴 자산 제외
부채 합계	원	
총 합계	원	

_____ 의 총 자산은 _____ 원입니다.

느낀점

우리 집 자산 현황표를 보면서 느낀 바를 그대로 적어봅니다.

: 재정관리 2단계 :

ABC 가계부 쓰기

박 소장의
머니세미나

사실 본인의 자산 현황에 대해 자세히 알고 있는 사람은 드뭅니다. 대략적으로 얼마 정도의 현금과 대출이 있는 정도만 알고 있을 뿐, 그 이상 알아보는 것은 귀찮아하거나 골치 아파합니다. 또 자세히 알아봤자 기분만 상할 거라며 일부러 모른 척하기도 합니다.

김혜은 씨 부부는 직접 작성한 자산 현황표를 한동안 말없이 바라봤습니다. 얼굴이 붉어진 남편은 아무 말 없이 창밖을 바라보았고, 부인은 그런 남편을 원망스럽게 쳐다보았습니다.

다른 참석자들의 표정도 별반 다르지 않습니다. 우리 집 자산 현황표는 그동안 살아온 결과의 산물이기 때문에 재정 상태뿐만 아니라 지금까지 내가 어떻게 살아왔는지 여실히 보여줍니다.

현재 재산 상태를 정확하게 파악한 것만으로도 재테크는 절반이 완성된 것입니다. 이제부터 본격적으로 자산을 늘리기 위해 다음 단계인 지출 관리에 들어갑니다.

우리가 돈을 모으지 못하는 이유는 버는 대로 다 써버리기 때문입니다. 그렇다고 지출을 줄이기 위해 무작정 생활비 한도를 정해놓으면 그것도 대부분 실패하게 됩니다.

당장 얼마 동안은 무리를 해서라도 지출을 줄일 수 있지만 곧 본래의 씀씀이로 돌아오게 되고, 갑작스런 사정이나 예기치 못한 지출이 생기면 쉽게 포기를 하다 보니 결국 실패로 이어지는 것입니다.

지출 관리에 성공하려면 꼭 필요한 곳에 돈을 쓰는 습관을 들여 자신의 가계에 적합한 규모로 생활비를 유지하는 게 중요합니다. 이는 하루아침에 만들어지지 않기 때문에 두세 달가량 관리를 하면서 습관으로 만들 수 있습니다.

김혜은 씨 부부를 비롯한 모든 참석자에게 숙제를 내주었습니다. 앞으로 2개월간 지출 관리를 위한 'ABC 가계부'를 쓰는 것입니다. 그러자 여기저기서 볼멘소리가 나왔습니다.

"그렇지 않아도 가계부를 써봤는데 별 효과가 없더라, 쓰다 말기를 반복하다 귀찮아서 못 쓰겠더라." 참석자들의 투정어린 항의에 대해 저는 지금부터 쓸 가계부는 일반 가계부와는 다르다는 점을 강조했습니다. ABC 가계부의 가장 큰 장점은 꼭 필요한 것에만 지출을 하게 도와주므로, 자신에게 적합한 생활비 규모를 찾을 수 있고 이로 인해 과소비가 없어지면서 저축을 꾸준히 할 수 있다는 것입니다.

마지막으로 그동안 가계부를 썼던 머니세미나 참석자들의 경험담을 들려주니 모두들 수긍하며 기대에 찬 눈빛을 보였습니다.

'ABC 가계부' 작성 요령

신용카드나 체크카드, 현금 등의 구분 없이 매일 지출한 내역과 금액을 적습니다. 그날그날 쓰지 않고 카드 명세서나 영수증을 보고 나중에 한꺼번에 쓰려 하면 지출을 통제하기가 어렵습니다.

A, B, C란을 작성하려면 우선 지출을 성격에 따라 네 가지로 분류해야 합니다. 꼭 필요한 것, 필요한 것, 그리고 있으면 좋은 것과 없어도 되는 것의 네 가지입니다.

'꼭 필요한 것'은 먹고사는 데 반드시 필요한 것입니다. 예를 들어 교통비나 식대, 아파트 관리비, 세금과 같은 것이지요. '필요한 것'은 자녀 교육비와 같은 것입니다. 생활하는 데 반드시는 아니더라도 필요한 것들입니다.

'있으면 좋은 것'은 어떤 게 있을까요? 대표적으로 명품이나 외식 비용 같은 것들입니다. 말 그대로 있으면 좋은 것들입니다. 마지막으로 '없어도 되는 것'은 주차 위반 딱지나 과태료, 연체료 등 신경만 쓰면 얼마든지 없앨 수 있는 것입니다. 생돈 날리는 경우이지요.

이렇게 네 가지로 나눈 뒤 꼭 필요한 것을 A로 정합니다. 그리고 필요한 것은 B, 나머지 있으면 좋은 것과 없어도 되는 것은 묶어서 C라고 정합니다.

A, B, C의 기준은 사람마다 집집마다 모두 다릅니다. 같은 돈을 써도 C가 될 수 있고 A가 될 수도 있습니다. 중요한 건 분명한 나만의 구분 기준을 만드는 것입니다.

ABC 가계부는 반드시 두 달간 써야 낭비 지출을 제대로 파악할 수 있습니다. 만약 두 달 후에도 C 항목이 사라지지 않는다면 또 다시 두 달 동안 쓰기 바랍니다.

: 낭비 지출을 없애는 ABC 가계부 :

재테크를 시작하기에 앞서 반드시 선행되어야 할 낭비성 지출을 찾는 방법인 ABC 가계부 쓰는 법은 다음과 같습니다.

낭비성 지출을 찾으려면 우선 가계부를 써야 합니다. 귀찮더라도 눈 딱 감고 두 달만 써보세요. 10원짜리 하나 틀리지 않게 단단히 마음먹고 써보는 겁니다.

제가 머니세미나를 진행하면서 가장 먼저 숙제 내주는 게 가계부 쓰기입니다. 가계부를 써야 내 귀한 돈이 어디로 가는지 알 수 있기 때문입니다.

우리는 이번 달 급여가 얼마고, 보너스가 추가로 얼마 들어오며, 수당이 또 얼마나 들어오는지는 꼼꼼히 따져가며 확인을 잘합니다.

그런데 이달에 얼마를 썼는지를 정확히 아는 사람은 그리 많지 않습니다. 아니 거의 없습니다. 카드 명세서를 받아보고서야 '내가 이렇게 많이 썼나?' 하는 사람들이 대부분입니다.

저도 돈을 모으기로 결심하고 제일 먼저 가계부부터 쓰기 시작했습니다. 그때는 워낙 적은 돈으로 생활을 해야 하기에 어쩔 수 없이 썼습니다만, 지금 생각해보면 이제까지 한 일 중 가장 잘한 것이 아닌가 할 정도로 제겐 중요한 습관이 되었습니다.

지금까지 가계부를 썼든 안 썼든 상관없이, 이제부터 알려드릴 방법으로 두 달만 써보세요. 내 귀한 돈이 얼마나 줄줄 새고 있는지 알고 깜짝 놀랄 수도 있습니다.

우리는 보통 이런 식으로 가계부를 씁니다.

2013년 3월 1일

출근교통비	1,700원
점심값	6,000원
커피	4,500원
책 구입	11,000원
학원비	80,000원
호프집	35,000원
택시	11,000원

그런데 이런 식으로 가계부를 쓰면 낭비성 지출을 찾아내기 어렵습니다. 그저 현금흐름만 파악될 뿐입니다. 그럼 여기에 한 가지만 더해봅시다.

우선 지출을 크게 네 가지로 분류합니다. 꼭 필요한 것, 필요한 것 그리고 있으면 좋은 것과 없어도 되는 것, 이렇게 네 가지로 나눕니다.

꼭 필요한 것은 먹고사는 데 반드시 필요한 것입니다. 예를 들어 교통비나 식대, 아파트 관리비, 세금과 같은 것이겠지요. 그리고 필요한 것은 자녀들 교육비와 같은 것입니다. 반드시는 아니어도 필요한 것들입니다.

있으면 좋은 것은 어떤 게 있을까요? 대표적으로 명품이나 잦은 외식과 같은 것들입니다. 말 그대로 있으면 좋은 것들입니다. 마지막으로 없어도 되는 것은 주차위반 딱지나 과태료, 연체료 등 신경만 쓰면 얼마든지 없앨 수 있는 것입니다. 생돈 날리는 경우지요. 자, 이렇게 네 가지로 나누었으면 꼭 필요한 것을 A라고 정합니다. 그리고 필요한 것은 B, 나머지 있으면 좋은 것과 없어도 되는 것은 한데 묶어서 C라고 정합니다.

그리고 좀 전에 썼던 가계부에서 이것들을 체크해봅니다. 지출 품목 앞에 A인지, B인지 아니면 C인지를 체크해봅니다.

2013년 9월 1일

A 출근교통비   1,700원

A 점심값   6,000원

C 커피   4,500원

B 책 구입   11,000원

B 학원비   80,000원

C 호프집   35,000원

C 택시   11,000원

C 항목 총계 50,500원

마지막엔 C 항목이 총 얼마인지 크게 적습니다.

C 부분은 빨간색으로 크게 쓰는 것이 효과적입니다. 바로 우리가 찾던 낭비성 지출이기 때문입니다. 이분은 오늘 5만 500원을 멋지게 낭비하신 겁니다. 굳이 안 써도 되는 돈을 쓴 겁니다. 이런 식으로 두 달을 써보면 내가 어느 부분에 습관적으로 얼마를 낭비하고 있는지 알게 됩니다.

간혹 "내가 좋아하는 커피를 마신 게 무슨 낭비냐? 친구들하고 오랜만에 술도 못 마시냐?"라고 말씀하시는 분도 있습니다. 5년 후에도 지금처럼 그대로 살고 싶다면 지금처럼 쓰면 됩니다. 하지만 지금보다 돈을 더 많이 모으고, 풍요로운 생활을 하고 싶다면 과감하게 줄이셔야 합니다. 쓸 거 다 쓰고, 놀 거 다 놀고, 할 거 다 하면서 부자가 된 사람은 아무도 없습니다.

오늘부터 ABC 가계부를 쓰면서 줄일 건 줄이고, 저축을 늘리는 재미를 느끼시기 바랍니다.

이것이 부자가 되는 첫걸음입니다.

_박종기, 《부자 통장》, 71~74쪽

: ABC 가계부 :

2013. 7. 1 ~ 2013. 7. 31

ABC	일자	내용	금액	비고
A	7. 1	교통비	4,300원	혜은
A			7,800원	남편
A		식대 - 점심값	6,500원	혜은, 쌀국수
A			6,000원	남편, 오징어덮밥
B		피아노 학원비	120,000원	유정이
B		간식 - 하루야채 배달	35,000원	혜은
C		생활 - 매니큐어	7,900원	혜은

			C 합계 7,900원	
A	7. 2	교통비	4,300원	혜은
A			7,800원	남편
A		식대 - 점심값	6,000원	혜은, 비빔밥
A			7,000원	남편, 순댓국
A	7. 3	교통비	4,300원	혜은
A			7,800원	남편
A		점심값	6,000원	혜은, 볶음밥
A			6,500원	남편, 갈비탕
C		간식 - 사무실	9,900원	혜은, 던킨도넛
B		생활 - 구두 닦기	3,000원	남편

			C 합계 9,900원	
		지출 합계: 250,100원	C 지출 누적: 17,800원	

가계부를 써서인지 점심 식사의 경우 평소에 먹던 것보다 싼 것을 찾기 시작했고, 습관적으로 먹던 간식도 줄이려 했습니다. 유정이 피아노 학원비 12만 원을 기록하면서 새삼 큰돈으로 느껴지네요. 꼭 필요한 것만 사겠다고 생각해서인지 물건을 덜 사게 되었고, 퇴근길에 들린 화장품 매장에서 산 매니큐어와 사무실 동료에게 사준 도넛에 C를 표시했습니다.

ABC	일자	내용	금액	비고
A	7. 4	교통비	4,300원	해은
A			7,800원	남편
A		식대 - 점심값	7,000원	해은, 냉면
A			5,500원	남편, 짜장면

B		문화 - 놀이공원 예매	51,000원	캐리비안베이
B		수영복	38,000원	유정이, 옥션
C		물안경, 튜브	18,800원	유정이, 옥션
			C 합계 18,800원	
A	7. 5	교통비	4,300원	혜은
A			7,800원	남편
A		식대 - 점심값	6,500원	혜은, 설렁탕
A			6,000원	남편, 콩나물국밥
C		간식 - 커피	4,300원	남편, 스타벅스
B		보험료 - 실손보험	55,000원	혜은, 남편
C		외식 - 치킨, 맥주	30,000원	야식

			C 합계 34,300원	
A	7.6	자동차 - 주유비	50,000원	
C		외식 - 햄버거, 솜사탕, 김밥	26,500원	캐리비안베이
C		외식 - 샤브샤브 정식	44,000원	저녁 식사
			C 합계 70,500원	
A	7.7	생활 - 휴지, 샴푸, 옷걸이, 방향제, 베이비로션, 세제 외	88,960원	이마트
A		식재료 - 현미, 사과, 참치캔, 라면, 브로콜리, 조개, 미역, 파, 양파	67,240원	이마트
C		점심 - 칼국수, 제육덮밥	14,000원	이마트
B		놀이방 - 2시간	8,000원	유정이, 이마트
			C 합계 14,000원	
		지출 합계 : 545,000원	C 지출 누적 : 155,400원	

주말에는 지인들과 놀이공원에 놀러가기로 했습니다. 인터넷 쇼핑몰에서 할인 입장권을 구입하고 마침 저렴하게 판매하는 수영복과 물놀이 용품도 함께 샀습니다. 수영복은 꼭 필요하기에 B로 표시했고, 물안경과 튜브는 굳이 없어도 될 것 같아서 C로 구분했습니다. 사고 나니 조금 후회가 됐습니다.

남편은 출근길에 습관처럼 모닝커피를 사 마시는데, 앞으로는 그러지 말라고 당부했습니다. 주말에는 점심과 저녁 식사를 어쩔 수 없이 외식을 했는데 괜한 낭비를 한 것 같다는 생각이 들었습니다. 이제 일주일이 지났는데 C항목이 벌써 14만 원을 넘어선 사실이 놀랍습니다.

ABC	일자	내용	금액	비고
A	7. 8	교통비	4,300원	해은
A			7,800원	남편
A		식대 - 점심값	5,500원	해은, 짬뽕밥
A			6,000원	남편, 순댓국
B		경조사 - 모임 회비	50,000원	남편, 육사단 모임

C		택시비	12,500원	남편
			C 합계 12,500원	
A	7. 9	교통비	4,300원	혜은
A			7,800원	남편
A		식대 - 점심값	6,500원	혜은, 설렁탕
A			6,000원	남편, 콩나물국밥
B		생활 - 청소기 필터	11,000원	옥션
B		간식 - 두유, 빵	4,360원	유정이, 파리바게트
A	7. 10	교통비	4,300원	혜은
A			7,800원	남편
A		식대 - 점심값	6,500원	혜은, 설렁탕

B		보험료 - 종신보험	306,740원	남편, 혜은 ING 생명
B		보험료 - 암보험	28,800원	혜은, 흥국생명
B		택시비	37,700원	남편
C		간식 - 호두과자, 음료	6,000원	남편, 휴게소
			C 합계 6,000원	
		지출 합계 : 523,900원	C 지출 누적 : 173,900원	

- 지난주에 C항목이 늘어난 것을 보고 이번 주에는 아껴 쓰려고 노력했습니다. 남편이 택시를 안 타고, 출장 다녀오는 길에 간식만 안 사먹었으면 완벽한 지출이 이루어졌을 텐데 아쉽습니다. 유정이와 나만 돈을 쓴다면 낭비 지출은 금세 없어질 거란 생각이 들었습니다.

ABC	일자	내용	금액	비고
A	7. 11	교통비	4,300원	혜은
A			7,800원	남편
A		식대 — 점심값	4,500원	혜은, 비빔국수
A			6,000원	남편, 고등어구이
A		병원 — 소아과	8,800원	유정이
C		약국 — 비타민, 클로렐라	43,000원	가족용
C		식대 — 저녁, 피자	28,500원	피자헛
			C 합계 71,500원	
A	7. 12	교통비	4,300원	혜은
A			7,800원	남편

A		식대 - 점심값	5,000원	혜은, 백반
A			6,000원	남편, 동태찌개
B		수리비 - 자동차 엔진오일	55,000원	현대차 정비소
C		모임 - 유치원 학부모 모임	30,000원	혜은
C		택시비	4,200원	혜은
			C 합계 34,200원	
		지출 합계 : 215,200 원	C 지출 누적 : 279,600원	

유정이가 감기에 걸려 병원에 갔습니다. 약국에 들어서자 남편은 요즘 들어 자주 피곤하고 감기 기운이 있는 것 같다면서 영양제를 먹고 싶다고 했습니다. 가장 저렴한 비타민 C와 할인 판매 중인 클로렐라를 얼떨결에 사게 되었습니다. 그동안 사놓고 먹지 않은 영양제가 집에 넘쳐난다며 극구 말렸지만 남편은 그 자리에서 포장을 뜯어서 서비스로 준 드링크제와 함께 먹었습니다. 짜증이 나기도 하고 집에 들어와서 피곤하고 밥하기도 귀찮아서 피자로 저녁을 대신했습니다.

다음 날 저녁에는 유정이 유치원 학부모 모임에 나갔습니다. 어제 쓴 돈이 아까워서 기본 회비 3만 원만 내고 1차에서 끝내고 바로 택시를 타고 집으로 왔습니다. 주말에는 집에서 꼼짝없이 지내면서 한 푼도 안 썼습니다.

ABC	일자	내용	금액	비고
A	7.13	식재료 - 우동, 옥수수, 밀가루, 맥주, 빵, 과자, 어묵, 오징어 외	44,680원	하나로마트
B		세탁소	26,000원	양복, 원피스
A	7.14	교통비	4,300원	혜은
A			7,800원	남편
A		식대 - 점심값	4,500원	혜은, 라면
A			6,000원	남편, 순댓국
A		병원 - 소아과	8,800원	유정이, 약값 포함
B		의류 - 내복	11,900원	유정이

B		의류 - 양말, 속옷	28,000원	남편
C		간식 - 떡볶이, 어묵, 김밥	11,000원	혜은, 유정이
			C 합계 11,000원	
A	7. 15	교통비	4,300원	혜은
A			7,800원	남편
A		식대 - 점심값	6,500원	혜은, 돈가스
A			6,000원	남편, 불고기정식
C		간식 - 커피 4잔	21,600원	남편
C		술자리 - 삼겹살	42,000원	남편
C		택시비	8,500원	남편
			C 합계 72,100원	

	지출 합계 : 249,680원	C 지출 누적 : 362,700원	

- 이번 주에는 남편이 사고를 쳤습니다. 점심을 먹고 오는 길에 커피숍에 들려 커피를 사서 돌렸다고 했습니다. 저는 가끔 마시던 전문점 커피도 끊고 사무실에 비치된 믹스 커피만 마시고 있는데 화가 났습니다. 하지만 오랜만에 만난 후배와 저녁 식사만 하고 자리를 끝내고 들어와서 조금은 대견했습니다. 예전 같았으면 술까지 마시며 택시를 타고 들어왔을 텐데 말입니다. 보름이 지났을 뿐인데 낭비 지출 C는 어느새 30만 원을 훌쩍 넘어버렸네요.

ABC	일자	내용	금액	비고
A	7. 16	교통비	4,300원	혜은
A			7,800원	남편
A		식대 - 점심값	7,000원	남편, 추어탕
A	7. 17	교통비	4,300원	혜은

A			7,800원	남편
A		식대 - 점심값	5,500원	혜은, 김치찌개
A			6,000원	남편, 회덮밥
B		경조사 - 생신 선물	78,000원	시아버님, 장갑
C		간식 - 생과일주스	5,500원	유정이
C		간식 - 빵	15,200원	
			C 합계 20,700원	
A	7. 18	교통비	7,800원	남편
A		식대 - 점심값	6,000원	남편, 오징어불고기
B		미용실	110,000원	혜은, 유정이
B		경조사 - 케이크	26,000원	시아버님 생신

C		경조사 – 용돈	20,000원	조카 용돈
			C 합계 20,000원	
		지출 합계: 311,200원	C 지출 누적: 403,400원	

이번 주에는 시아버님 생신 선물을 사기 위해 퇴근길에 아웃렛 매장에 들렀습니다. 행사 매대에서 가죽 지갑을 저렴하게 사고 나니 신상품 코너에 있는 여성 장갑이 눈에 들어왔습니다. 안 그래도 그동안 꼈던 장갑이 바꿀 때가 된 것 같아 몇 번을 껴보며 망설이다가 결국 포기하고 발길을 돌렸습니다.

출구 쪽 제과점에서 풍기는 냄새가 발길을 잡네요. 사람들은 세일하는 빵을 고르느라 정신이 없습니다. 저도 급히 쟁반을 들고 빵을 가득 집었다가 계산할 때 절반가량을 내려놓았습니다. 유정이가 좋아하는 생과일주스는 한 개만 사서 집으로 향했습니다. 저도 먹고 싶었지만 겨우 참았습니다.

시아버님 생신날 저녁 식사를 마치고 나오면서 남편은 조카들에게 머리를 쓰다듬으며 만 원짜리를 한 장씩 건네주었습니다. 우리 유정이한테는 아무도 용돈을 안 줬네요. 시아버님 생신 때 쓴 돈이 10만 원이 넘어서인지 기분이 좋지 않았습니다.

ABC	일자	내용	금액	비고
A	7. 19	식재료 – 당면, 시금치, 김, 아이스크림, 빵, 고구마, 파스타소스 외	35,860원	하나로마트
C	7. 20	생활 – 줄넘기	10,000원	남편
B		도서 – 3권	32,620원	예스 24
			C 합계 10,000원	
A	7. 21	교통비	4,300원	해은
A			7,800원	남편
B		식대 – 점심값	12,000원	해은, 김치정식
B			8,000원	남편, 생태찌개
B		도서 – 주간지	4,000원	남편, 한경비즈니스
A	7. 22	교통비	4,300원	해은

A		7,800원	남편
A	식대 - 점심값	5,500원	해온, 우동정식
A		6,000원	남편, 두부찌개
C	구두 닦기	3,000원	남편
		C 합계 3,000원	
	지출 합계 : 141,180원	C 지출 누적 : 416,400원	

그동안 쓴 ABC 가계부를 남편과 함께 보며 생활비를 줄이기 위해 첫 번째로 마트 쇼핑을 줄이자고 결론을 내렸습니다. 이제 대형 마트 대신 동네의 하나로마트에서 장을 보기로 했습니다. 냉장고에 식재료가 가득한데 남편이 갑자기 잡채가 먹고 싶다고 해서 장을 보았습니다.

다음 날에는 남편이 운동을 하겠다며 인터넷 쇼핑몰에서 운동 기구를 보고 있기에 제일 싸고 효과 좋은 줄넘기를 사라고 부추겼습니다. 분명 사흘도 못 가서 버려질 게 뻔하니까요. 저는 그동안 읽고 싶었던 책 3권을 주문했습니다. 남편의 구두 닦는 요금이 예전에는 필요하다고 생각했는데 지금은 집에서 닦으라고 해야겠습니다. 시간이 갈수록 남편이 쓰는 돈이 제일 아깝습니다.

ABC	일자	내용	금액	비고
A	7. 23	교통비	4,300원	혜은
A			7,800원	남편
A		식대 - 점심값	7,500원	혜은, 쌀국수
A			5,000원	남편, 백반
C		외식 - 샤브샤브	44,000원	
B		생활 - 문구용품	5,600원	유정이
C		장난감 - 인형	25,600원	유정이
			C 합계 44,000원	
A	7. 24	교통비	4,300원	혜은
A			7,800원	남편

A	식대 - 점심값	4,500원	혜은, 떡볶이
A		6,000원	남편, 순두부
B	생활 - 화장품	44,500원	혜은, 옥션
B	유치원 - 체험학습 용품 및 간식	15,600원	유정이
B	식재료 - 고등어, 무, 삼겹살, 김치, 김, 계란, 두부, 우유, 치즈, 맥주, 양파 외	96,210원	이마트 마감 세일
	지출 합계 : 278,710원	C 지출 누적 : 486,000원	

오랜만에 외식을 했습니다. 제가 좋아하는 샤브샤브를 먹었고 돌아오는 길에 문구점에 들러 유정이 유치원 준비물과 장난감 인형을 사주었습니다. 다음 날에는 대형 마트에 들러 마감 세일하는 상품을 골고루 샀습니다. 별로 쓴 것도 없는 것 같은데 벌써 생활비가 240만 원이 넘었네요. 새삼 놀랍습니다.

ABC	일자	내용	금액	비고
A	7. 25	교통비	4,300원	혜은
A			7,800원	남편
A		식대 – 점심값	6,500원	혜은, 김치덮밥
A			6,000원	남편, 고등어조림
C		신발 – 등산화	120,000원	남편
C		이자 – 전세자금대출	148,000원	우리은행
A		약값 – 감기약	12,900원	유정이
B		교육 – 영어학습지	140,000원	유정이
B		통신 – 휴대전화	77,900원	남편
B			59,260원	혜은

재정관리 2단계 | ABC 가계부 쓰기

C		자동차 할부금	356,540원	이자 포함
A		관리비 - 아파트	189,530원	9월분
B		신문대금	15,000원	매일경제신문
C		렌털료 - 정수기	26,500원	
			C 합계 651,040원	
C	7. 26	의류 - 와이셔츠, 티셔츠	82,000원	남편, 뉴코아아울렛
B		의류 - 바지, 티셔츠	55,800원	혜은, 뉴코아아울렛
C		외식 - 점심	19,000원	칼국수
			C 합계 101,000원	
B	7. 27	자동차 - 기름	50,000원	
C		외식 - 쌈밥 정식	28,000원	여주쌈밥집

C		문화 — 전통차, 화분	23,000원	황학산 수목원
			C 합계 51,000원	
A	7. 28	교통비	4,300원	혜은
A			7,800원	남편
A		식대 — 점심값	6,500원	혜은, 불고기백반
A			6,000원	남편, 해장국
B		통신 — 인터넷, 전화, 텔레비전	48,000원	KT
C		간식 — 커피, 빵	8,500원	혜은, 투썸플레이스
B		유치원 — 체험학습비 포함	286,000원	종일반
			C 합계 8,500원	
A	7. 29	교통비	4,300원	혜은

A		7,800원	남편
A	식대 - 점심값	5,000원	혜은, 백반
A		6,000원	남편, 순댓국
B	책 구입	10,550원	혜은
C	공기청정기 렌털료	55,000원	공기청정기
C	보험 - 종신보험	135,550원	남편, ING 생명
		C 합계 180,000원	
	지출 합계 : 2,019,330원	C 지출 누적 : 1,488,090원	

- 25일은 가계부 쓰기가 싫었습니다. 하루 동안 빠져나간 돈만 무려 137만 원이 넘고, 이중 C항목은 65만 원에 이릅니다. 그동안 아껴 쓴 보람이 무너지는 것 같았습니다. 남편은 또 사고를 쳤습니다. 신발장에 멀쩡한 게 있는데도 오래 돼서 발이 아프다며 등산화를 사온 것입니다.
- 기분이 우울해져서인지 토요일에는 사고 싶은 옷을 샀고 무거운 마음으로 외식

을 했습니다. 아무 생각 없이 내고 있던 자동차 할부금도 아깝고, 정수기 렌털료도 아깝습니다. 29일에 빠져나간 보험료도 신경이 쓰입니다. 이번 기회에 보험료가 얼마인지, 제대로 들었는지 따져봐야겠다는 생각이 들었습니다. 남편 후배에게 든 보험이라 그런지 보험료가 너무 비싼 게 아닌가 하는 생각이 듭니다. 이번 달에는 무조건 아껴 쓴다고 했는데 이미 지출은 소득을 넘어서고 있습니다.

ABC	일자	내용	금액	비고
A	7. 30	교통비	4,300원	혜은
A			7,800원	남편
A		식대 - 점심값	4,500원	혜은, 국수
A			7,000원	남편, 추어탕
C		외식 - 피자, 치킨	23,000원	세트 메뉴
			C 합계 23,000원	
A	7. 31	교통비	4,300원	혜은

A			7,800원	남편
A		식대 - 점심값	6,000원	혜은, 부대찌개
A			6,000원	남편, 청국장
C		간식 - 도넛, 커피	5,500원	혜은, 투썸플레이스
C		택시	8,800원	남편
			C 합계 14,300원	
		지출 합계 : 85,000원	C 지출 누적 : 1,525,390원	

7월 지출 누적 : <u>4,619,300원</u>

7월 C 지출 누적 : <u>1,525,390원</u>

드디어 한 달 마감을 했습니다. 총 지출 461만 원에 낭비 지출 152만 원, 허탈했지만 그래도 다행인 게 있습니다. 지난달에는 70만 원이나 마이너스였는데 이달엔 마이너스가 10만 원도 안 되니 60만 원이나 줄인 셈입니다. 이제 남은 한 달 동안 더 줄여야 하는데 얼마나 줄어들지 궁금합니다.

김혜은 씨 가족의 지출 내역을 살펴보면 아껴 쓰려고 노력했음에도 불구하고 월급을 모두 써버렸습니다. 꼭 필요한 것과 필요한 것을 제외한 낭비 지출 C는 150만 원에 이르러 지출의 3분의 1을 차지하고 있습니다.

꼭 필요한 지출은 주로 출퇴근 교통비와 점심값, 기본적인 주거비와 식재료 구입 등으로 구성되어 평균적인 수준이고, 그 외에 자녀 유치원비나 학원비 등도 소득 대비 그리 과한 편이 아닙니다. 개인적인 지출에 있어서도 크게 낭비를 하는 것도 아니고, 무리한 술자리 모임을 갖거나 돈이 많이 드는 취미 생활을 하는 것도 아닙니다. 그런데도 전체적인 지출 규모를 보면 문제가 많습니다.

김혜은 씨 가족의 지출 내역을 보면 많은 사람이 이와 비슷한 상황이리라 생각됩니다. 대다수의 가정 씀씀이와 지출 내역이 흡사하고 특별히 쓰는 것도 없는데 남는 게 없으니 말입니다.

자, 그럼 여러분도 직접 한 달 동안 ABC 가계부를 작성해봅시다.

: ABC 가계부 :

      .   .   ~   .   .

ABC	일자	내용	금액	비고

ABC	일자	내용	금액	비고

ABC	일자	내용	금액	비고

ABC	일자	내용	금액	비고

ABC	일자	내용	금액	비고

ABC	일자	내 용	금 액	비 고

ABC	일자	내용	금액	비고

ABC	일자	내용	금액	비고

ABC	일자	내용	금액	비고

ABC	일자	내용	금액	비고

ABC	일자	내용	금액	비고

ABC	일자	내용	금액	비고

ABC	일자	내용	금액	비고

ABC	일자	내용	금액	비고

ABC	일자	내용	금액	비고

ABC	일자	내용	금액	비고

ABC	일자	내용	금액	비고

ABC	일자	내용	금액	비고
		지출 합계:	C 지출 누적:	

____월 지출 누적: _____원

____월 C 지출 누적: _____원

재정관리 2단계 | ABC 가계부 쓰기

박 소장의
머니세미나

1개월 동안 ABC 가계부를 적었으면 이를 바탕으로 돈이 어느 곳으로 흘러갔는지 현금흐름표를 작성해볼 차례입니다.

현금흐름표 작성 요령

현금흐름표는 크게 수입과 지출로 나누어져 있습니다.

 수입 항목은, 세금을 뺀 실수령액을 적습니다. 보너스를 포함해 매달 수입이 불규칙하다면 월 평균 수입을 적고, 급여 외 사업 소득이나 투자 소득, 임대 소득 등이 있을 경우 기타 소득에 합산하여 적습니다. 자영업 종사자 등 수입이 일정하지 않은 경우, 최근 3개월간 평균 급여를 적으면 됩니다.

 지출 항목은 저축을 포함한 돈이 나가는 모든 것을 적습니다. 현금흐름표의 생활비는 다섯 가지로 분류합니다.

 1. 개인 생활비: 개인을 위해 구입한 품목은 모두 개인 생활비에 해당됩니다. 교통비, 식비, 휴대전화 요금, 옷, 신발, 화장품, 병원비, 미용실 등 개인적으로

지출한 금액을 개인별로 적습니다. 자녀의 경우 학원비, 유치원비 등 교육비도 자녀의 개인 지출에 포함시킵니다.

2. 공동 생활비: 관리비(전기, 수도, 난방, 가스비 등), 외식비, 생활용품 및 식재료 구입비, 수리비, 경조사비, 문화생활비 등 개인 외에 가족이 함께 사용한 지출입니다.

3. 대출 이자: 대출로 인한 이자 비용을 적습니다. 매달 상환하는 원금은 포함시키지 않고 순수 이자만 적습니다.

4. 보험료: 종신보험, 정기보험, 실손보험 등 순수한 보장성 보험만 적습니다. 연금보험이나 저축성 보험은 저축으로 분류를 합니다.

5. 자동차 할부금: 자동차나 기타 자산을 할부로 구입했을 경우 이자를 포함하여 매달 빠져나가는 금액을 적습니다.

저축 항목은 매달 납입하는 저축 금액을 적습니다. 은행의 적금, 청약저축, 재형저축, 개인연금(국민연금과 퇴직연금 제외), 적립식 펀드 등입니다. 일시금을 납부한 은행 예금이나 거치식 펀드는 적지 않습니다.

남은 돈 항목은 총 수입에서 지출을 제외하고 남은 돈을 적습니다.

낭비지출결과표 작성 요령

낭비 지출 C에 해당하는 내역을 다섯 가지 지출 분류별로 적습니다. 이것을 보면 어느 부분에 낭비 지출이 많은지 한눈에 파악할 수 있습니다.

김혜은 씨의 현금흐름표 엿보기 ①

: 현금흐름표 :
2013. 7. 1 ~ 2013. 7. 31

	구분	금액	일자	비고
수입	하지웅 급여	215만 원	매월 20일	실수령액
	김혜은 급여	245만 원	매월 20일	실수령액
	기타 소득	-	-	
	수입 합계	460만 원		
지출	생활비 하지웅 개인	868,500원		교통비, 식대, 휴대전화 등 일체
	생활비 김혜은 개인	614,510원		교통비, 식대, 휴대전화 등 일체
	생활비 하유정 개인	709,860원		유치원, 학습지 등

부자들의 가계부

지출	생활비	공동 생활비	1,395,800원	관리비, 외식비 등
		대출 이자	148,000원	전세자금대출
		보험료	526,090원	보장성 보험
		자동차 할부금	356,540원	
		생활비 합계	4,619,300원	
	저축			
		저축 합계	-	
	지출 합계		4,619,300원	
총 수입 - 총 지출 = -19,300원				

: 낭비지출결과표 :

	구분	전체 지출	낭비 지출
생활비	하지웅 개인	868,500원	338,700원
	김혜은 개인	614,510원	66,000원
	하유정 개인	709,860원	49,900원
	공동 생활비	1,395,800원	430,700원
	대출 이자	148,000원	148,000원
	보험료	526,090원	148,000원
	자동차 할부금	356,540원	356,540원
	합계	4,619,300원	1,525,390원

: 일반적인 가계부와 현금흐름표의 차이 :

일반적인 가계부의 경우, 생활비를 식비, 외식비, 의류비, 생활용품비, 건강의료비, 문화레저비, 교통·차량유지비, 육아·교육비, 경조사비 등으로 세세하게 나눠야 합니다. 지출흐름을 파악하는 데 도움이 될 수 있으나 지출을 줄이는 데는 큰 효과가 없고 오히려 세부적으로 구분하려다가 귀찮아서 가계부 작성을 포기하게 됩니다.

현금흐름표의 경우, 생활비가 다섯 가지로 간단하게 분류되어 있어 작성하기가 편리합니다. 특히 개인 지출과 공동 지출을 따로 분리한 점이 일반적인 가계부와 가장 큰 차이점입니다. 낭비 지출 대부분이 개인 지출에서 발생하기 때문에 낭비 지출을 줄이는 데 효과가 높습니다.

'개인 생활비'를 별도로 구분해 적어야 하는 이유는 가족 중 어느 한 사람만이 지출을 줄여서는 효과를 볼 수 없기 때문입니다. 나만 줄이려고 노력하다 보면 가족 간에 갈등이 생기고 결국 재정관리 자체를 포기하게 됩니다. 온 가족이 본인의 씀씀이를 돌이켜보고 개인별로 줄일 부분을 찾아야 비로소 낭비 지출이 사라지고 적합한 생활비를 찾는 데 성공할 수 있습니다. 낭비 지출의 대부분은 개인 지출에서 발생된다는 것을 다시 한 번 상기하기 바랍니다.

※ 1인가구의 경우, 지출 부분은 공동 생활비를 제외한 네 가지로 분류하여 적습니다.

가족 구성원 수별로 적정 생활비 수준을 살펴보면 다음과 같습니다.

- 자녀가 있는 4인 가족: 수입의 60퍼센트
- 자녀가 있는 3인 가족: 수입의 50퍼센트
- 자녀가 없는 부부나 독신: 수입의 40퍼센트

자, 이제 1개월 동안 작성한 ABC 가계부를 보면서 현금흐름표와 낭비지출결과표를 작성해보기 바랍니다.

: 현금흐름표 :

    .   .   . ~ .   .   .

구분		금액	일자	비고
수입				실수령액
				실수령액
	기타 소득			
	수입 합계			
지출	생활비	개인		
		개인		
		개인		

지출	생활비	공동 생활비		
		대출 이자		
		보험료		
		자동차 할부금		
		생활비 합계		
	저축			
		저축 합계		
	지출 합계			

총 수입 − 총 지출 =   원

: 낭비지출결과표 :

구분		금액	낭비 지출
생활비	개인		
	개인		
	개인		
	공동 생활비		
	대출 이자		
	보험료		
	자동차 할부금		
	합계		

첫 번째 달 ABC 가계부를 쓰면서 지출은 얼마나 줄어들었나요? 예전 생활비에 비해 10~20퍼센트가량 줄었다면 아주 훌륭한 변화입니다.

그럼, 이제부터 둘째 달 가계부를 써보겠습니다. 두 번째 달 가계부를 쓸 때는 ABC 항목을 표시할 때 절대로 본인과 가족에게 관대해서는 안 됩니다. 정말로 꼭 필요한 것인지 냉정하게 판단해 당장 필요 없거나 다음에 사도 될 것 같으면 과감하게 C로 표시해야 합니다.

대개 본인의 지출에는 관대하면서도 다른 사람의 지출에는 냉정한 판단을 내리는 경우가 많은데, 이럴 경우 반발이 생겨 다툼이 생길 수 있으니 공평하게 표시하기 바랍니다.

개인 지출의 경우, 첫 번째 가계부를 통해 대략적인 지출 규모를 알았으니 한도를 정해놓고 쓰면 지출을 줄이는 데 효과가 있습니다.

김혜은 씨와 남편의 경우, 개인 지출 비용을 각각 50만 원으로 정해 이 범위 내에서 쓸 것을 당부했습니다. 신용카드 한도를 50만 원으로 줄였고, 그 이상의 돈이 필요하면 통장에서 현금을 찾아서 쓰도록 했습니다. 카드 한도 이상 지출하는 것을 막기 위한 방법입니다.

혜은 씨 가족의 공동 생활비에서는 외식비의 비중이 특히 높아서 이를 줄이기 위한 방법이 필요했습니다. 부부는 한 달 동안 남기는 음식이 없도록 냉장고를 텅텅 비우겠다는 목표를 세우고 꼭 먹고 싶은 음식은 한 달에 한 번만 사 먹기로 했습니다. 그동안 습관처럼 먹었던 치킨이나 피자, 도넛과 같은 간식은 최대한 줄이기로 했습니다.

여러분도 두 번째 달 ABC 가계부를 써보기 바랍니다.

: ABC 가계부 :

　．　．　～　．　．

ABC	일자	내용	금액	비고

ABC	일자	내 용	금액	비고

ABC	일자	내용	금액	비고

ABC	일자	내용	금액	비고

ABC	일자	내용	금액	비고

ABC	일자	내용	금액	비고

ABC	일자	내용	금액	비고

ABC	일자	내용	금액	비고

ABC	일자	내용	금액	비고

ABC	일자	내용	금액	비고

ABC	일자	내용	금액	비고

ABC	일자	내용	금액	비고

ABC	일자	내용	금액	비고

ABC	일자	내용	금액	비고

ABC	일자	내용	금액	비고

ABC	일자	내용	금액	비고

ABC	일자	내용	금액	비고

ABC	일자	내용	금액	비고
		지출 합계:	C 지출 누적:	

____월 지출 누적: _____ 원
____월 C 지출 누적: _____ 원

김혜은 씨의 현금흐름표 엿보기 ②

김혜은 씨 부부는 두 번째 달 가계부를 꼼꼼히 작성했습니다. 그 결과 지난달 생각보다 낭비 지출 금액이 컸기 때문인지 이번에는 아껴 쓰고자 애쓴 흔적이 역력했습니다. 이들 부부의 두 번째 달 현금흐름표와 낭비지출결과표를 보겠습니다.

현금흐름표
2013. 8. 1 ~ 2013. 8. 31

	구분	금액	일자	비고
수입	하지웅 급여	215만 원	매월 20일	실수령액
	김혜은 급여	245만 원	매월 20일	실수령액
	기타 소득			
	수입 합계	460만 원		

지출	생활비	하지웅 개인	432,500원	교통비, 식대, 휴대전화 등 일체
		김혜은 개인	319,510원	교통비, 식대, 휴대전화 등 일체
		하지영 개인	640,000원	유치원, 학습지 등
		공동 생활비	798,800원	관리비, 외식비 등
		대출 이자	148,000원	전세자금대출
		보험료	526,090원	보장성보험
		자동차 할부금	356,540원	
		생활비 합계	3,221,440원	
	저축			

지출	저축 합계		
	지출 합계	3,221,440원	

총 수입 - 총 지출 = 1,378,560원

: 낭비지출결과표 :

	구분	금액	낭비 지출
생활비	하지웅 개인	432,500원	82,500원
	김혜은 개인	319,510원	
	하유정 개인	640,000원	
	공동 생활비	798,800원	130,600원
	대출 이자	148,000원	148,000원
	보험료	526,090	135,550원

생활비	자동차 할부금	356,540원	356,540원
	합계	3,221,440원	853,190원

김혜은 씨는 두 번째 달 ABC 가계부를 쓰면서 생활비를 무려 140만 원가량 줄였습니다. 특히 개인 지출에서 100만 원 정도를 줄였고, 공동 생활비도 많이 줄였습니다.

개인 지출의 경우, 50만 원으로 한도를 정한 것이 효과가 컸습니다. 공동 생활비는 외식을 줄이고, 모임이나 지인들과 놀러가는 것을 자제했더니 많은 부분이 줄어들었습니다. 개인 지출과 공동 지출에 여전히 낭비 지출 항목인 C가 발생하고 있지만 더 이상 줄이는 것은 무리일 것 같아, 현재 지출 규모를 적합한 생활비로 정해주었습니다.

김혜은 씨 가족이 더 줄일 곳은 이자와 보험 및 자동차 할부금입니다. 먼저 자동차의 경우, 원금 2,400만 원 중에 남은 할부금이 600만 원 정도였습니다. 지금 이 차를 처분하면 1,500만 원을 받을 수 있어서, 이를 처분하고 중고차를 살 것을 권유했습니다. 그러자 남편이 극구 반대했지만 5년 후에 더 좋은 차를 타자는 아내의 강한 설득에 결국 중고차로 바꾸는 데 성공했습니다.

대출 이자는 당장 줄일 수는 없지만 대출금을 갚을 때마다 줄어들 것이기에 이제 남은 것은 보험료 줄이기입니다.

김혜은 씨 가족의 보험료는 소득 대비 11.4퍼센트를 차지하고 있어 적정 보험료 수준인 8퍼센트에 비해 과한 편입니다. 지출을 더 줄이기 위해 이제부터 보험료를 알차게 줄이는 방법을 알아보겠습니다.

보험은 꼭 필요할까?

보험은 누구에게나 반드시 필요합니다. 하지만 자신의 소득 수준에 적절한 보험에 가입해야 합니다. 보험은 나이가 들어 병치레를 자주 하게 되는 노후를 위한 상품입니다. 그렇기 때문에 젊을 때에는 크게 아픈 일도 없고 병원 갈 일도 별로 없어서 보험료가 아깝다며 해약하거나 가입을 미루는 분들이 많습니다.

이런 분들은 나이 들어 반드시 후회하게 됩니다. 60세가 넘어서면 병원에 갈 일이 많아지게 되고 의료비 또한 급증하기 때문입니다. 암과 같은 중대한 질병에 걸리거나 큰 수술을 받게 될 경우 그 비용이 수천만 원에 이를 수 있기 때문에 노후를 위한 보험은 필수입니다.

지금 당장이라도 병원에 가보면 "자식들보다 장롱 속의 보험증권이 더 든든

하다"는 얘기를 쉽게 들을 수 있을 것입니다.

보험은 어떻게 가입해야 할까?

첫째, 나이가 어릴수록 보험료가 저렴합니다. 그래서 하루라도 빨리 가입하는 게 유리합니다.

둘째, 보험료는 소득 대비 8퍼센트 이내에서 결정하고, 소득이 늘어났을 경우 추가 보험을 드는 게 좋습니다. 처음부터 무리하게 가입할 경우 중도에 해약할 확률이 높기 때문입니다. 보험을 중도에 해약하게 되면, 납입 원금을 돌려받지 못하는 것은 물론, 재가입 시 건강상의 문제가 생기면 가입을 거절당할 수 있기 때문에 처음 가입할 때 신중히 가입해야 합니다.

셋째, 보험 가입에도 순서가 있습니다. 꼭 필요한 보험부터 먼저 가입해야 합니다.

꼭 필요한 보험 알아보기

첫째로 실손 보험입니다. 실손 보험은 지불한 병원비만큼 혜택을 받는 보험입니다. 가입 시기에 따라 다르지만 병원비의 80~100퍼센트까지 보장받을 수 있습니다. 통상 3년마다 갱신을 해야 하기 때문에 특약을 넣는 것보다는 실손 보험 단독으로 가입하는 게 좋습니다.

둘째는 보장성 보험입니다. 종신보험이나 상해보험, 암보험처럼 사망이나 질병, 사고에 대비한 보험입니다. 가족 구성원의 상황에 따라 보장의 범위와 보험료 등을 따져서 가입해야 합니다.

그 외에 대표적인 상품으로 운전자보험, 치아보험 등이 있으나 이는 꼭 필요한 보험이라기보다는 추가적으로 가입하는 보험입니다. 꼭 필요한 보험은 실손 보험과 보장성 보험의 두 가지입니다.

> **: 종신보험과 정기보험의 차이 :**
>
> 종신보험은 피보험자가 사망했을 때 보험금을 지급하는 생명보험으로 언제, 어떻게 사망하든 보험료를 지급합니다. 보험 기간이 계약을 체결할 당시에 확정되지 않는다는 점에서 정기보험과 차이가 있습니다.
> 정기보험은 피보험자가 일정한 기간 내에 사망했을 때 보험금을 지급하는 사망보험입니다. 대개 10년, 20년 혹은 60세처럼 미리 기간을 정해놓고 보장을 받기 때문에 평생 받을 수 있는 종신보험보다 보험료가 저렴합니다.

보험료 똑똑하게 줄이기

보험료를 줄이기 위해서는 우선 보험증권에 명시된 보장 내역을 파악해야 합니다. 이때 무작정 줄이기보다는 중복되는 보장이 있는지, 사망 부분에 보장 금액이 지나치게 크지는 않은지 등을 따져보면서 가족 구성원의 상황에 적합한 보험으로 조절해야 합니다.

김혜은 씨는 보험가입내역서 양식을 작성하기 위해 보험증권을 찾아봤지만 아무리 뒤져도 찾지 못했습니다. 결국 보험사에 요청해 재발급받은 후 내역서를 적을 수 있었습니다.

김혜은 씨 가족의 보험을 살펴보면 이렇습니다.

남편 하지웅 씨의 경우, 대학 후배의 권유로 I생명 종신보험에 가입했고, 이후 결혼을 하면서 보장 금액을 높이기 위해 비슷한 종신보험과 실손 보험에 가입했습니다.

꼭 필요한 실손 보험의 경우, M화재에 특약 없이 잘 가입되어 있습니다. 참고로 실손 보험은 대개 30대는 3만 원, 40대는 4만 원, 50대 이상은 5만 원 정도로 특약 없이 가입할 수 있습니다.

I생명에 가입한 종신보험 두 개의 경우, 질병으로 인한 사망 시 9,000만 원을 받을 수 있고, 상해로 인한 사망은 1억 6,000만 원, 교통사고로 인한 사망 시에는 1억 8,000만 원을 받게 되어 있습니다. 사망 보장 금액이 크고, 보장의 기간이 종신이다보니 보험료가 비쌀 수밖에 없습니다.

사망 외에 주요 보장 내용은 암 진단 시 3,500만 원, 암 수술 시 500만 원, 그리고 입원료는 1일당 8만 원씩 받도록 설계가 되어 있습니다. 일반 수술비에 대한 보장은 빠져 있어 질병이나 상해로 인한 수술비 혜택을 받을 수 없다는 게 아쉽습니다.

자, 그럼 하지웅 씨의 보험료부터 줄여보겠습니다.

M화재의 실손보험은 그대로 유지하고, 남은 종신보험 두 개는 보장을 줄여 하나로 묶든지 아니면 앞으로 남은 납입 기간을 따져봤을 때 다시 가입하는

편이 낫습니다.

　기존 보험의 보장을 줄일 경우 보험사마다 기준이 다르기 때문에 직접 보험사에 문의해야 가능 여부와 줄어드는 보험료를 알 수 있습니다.

　새롭게 가입하는 경우라면, 우선 사망 보장은 종신보험보다는 기간을 정해 놓는 저렴한 정기보험을 선택합니다. 그리고 사망 보장 기간은 막내 자녀가 대학교를 졸업할 때까지 나이를 기준으로 정합니다. 대개 자녀가 대학을 졸업하면 자립할 나이가 되기 때문에 이때부터 자녀 교육비 부담에서 벗어날 수 있고, 큰돈이 들어갈 일도 적어집니다. 그래서 이 기간을 사망 보장 기간으로 정하는 게 좋습니다.

　가령 김혜은 씨 부부의 자녀 유정이는 올해 네 살로 20년 후쯤이면 대학을 졸업하게 됩니다. 이 경우 사망 보장 기간은 20년으로 하면 됩니다. 그 이상으로 정하면 좋기는 하지만 보장 기간이 길어질수록 보험료는 비싸지고, 20년 이후에 받게 되는 보험금은 물가상승률 대비 그 돈의 가치가 현저하게 떨어지기 때문에 굳이 비싼 보험료를 내면서 보장 기간을 길게 잡을 필요는 없습니다.

　사망 보장 보험금은 자녀 한 명당 5,000만 원에서 1억 원 선으로 정하고, 운전을 자주 하는 경우나 직업과 취미 등을 고려해 재해 사망 특약을 별도로 1억 원 이상으로 잡는 게 좋습니다. 재해 사망의 경우 확률이 낮기 때문에 일반 질병 사망보다 보험료가 저렴합니다.

　다음으로 특약 보장은 고액의 비용이 발생하는 암특약의 경우, 암 진단비 3,000만 원 이상, 암 수술비 200만 원 등 보험사가 제시하는 최대 한도까지 가입합니다. 급성심근경색과 뇌 관련 질환도 2,000만 원까지 보장 금액을 높게 책정해야 합니다.

수술비 특약은 종류에 따라 다르지만 최대 500만 원까지 보장받을 수 있도록 합니다. 이는 암 수술비 특약과 중복 보장이 가능하고, 수술을 받을 때마다 보장받을 수 있기 때문에 반드시 가입해야 합니다.

이외에 가족력이나 본인의 몸 상태를 고려하여 향후에 의심되는 질환이 있을 경우 추가적으로 포함해 가입합니다.

골절이나 입원료의 경우 3일 이상 입원 시 지급하는 경우가 많고, 금액이 낮기 때문에 꼭 필요한 특약이 아닙니다. 대부분 실손보험으로 처리가 가능하므로 이 부분까지 가입할 필요는 없습니다.

김혜은 씨의
**보험 리모델링
엿보기**

ː 하지웅 씨의 보험가입내역서 ː

가입자	하지웅	하지웅	하지웅
보험사 및 상품명	I생명 무배당 종신	I생명 무배당 종신플러스	M화재 알파플러스 보장
보장 기간	종신, 80세	종신, 80세	100세
납입 기간	65세납	65세납	20년납 / 3년 갱신
보험료	178,400원	135,550원	28,900원
질병/일반 사망	5,000만 원	4,000만 원	
상해 사망	1억 원	4,000만 원	
교통 사망	1억 원	8,000만 원	

암 진단		3,000만 원	500만 원	
뇌졸중, 급성심근경색진단			3,000만 원	
CI 진단금			3,000만 원	
재해장애 시		500만 ~3,000만 원	400만 ~3,000만 원	2,000만 × 장해율
수술비	암	400만 원	100만 원	rowspan
	일반			
	상해			
의료실비	입원비	3만 원 / 1일당	5만 원 / 1일당	- 질병 / 상해 입원의료비 연간 5,000만 원 한도 - 질병 / 상해 통원의료비 1회당 30만 원 한도
	통원비			
입원비	암	20만 원		
	질병/상해			
골절진단금				20만 원

기타			화상: 20만 원 5 대장기이식술: 2,000만 원

: 하지웅 씨의 보험 리모델링 이후 :

가입자	하지웅	하지웅	보험 조정 내용 기존 보험 대비 가감
보험사 및 상품명	신규 가입. D생명 + M화재	기존 유지 M화재 알파플러스 보장	
보장 기간	20년, 100세	100세	사망 보장 종신 → 20년
납입 기간	20년	20년납 / 3년 갱신	

보험료		87,730원	28,900원	−226,220원
질병/일반 사망		8,000만 원		−1,000만 원
상해 사망		1억 2,000만 원	2,000만 원	−2,000만 원
교통 사망		1억 2,000만 원		−2,000만 원
암 진단		3,000만 원		
뇌졸중, 급성심근경색진단		2,000만 원		+2,000만 원
CI 진단금				
재해 장애 시		2,000만 원	2,000만 원 × 장해율	−1,000만 원
수술비	암	200만 원		−200만 원
	일반	10만 ~ 500만 원	20만 원	+10만 ~ 500만 원
	상해	10만 ~ 500만 원		+10만 ~ 500만 원

의료실비	입원비		- 질병/상해 입원의료비 연간 5,000만 원 한도 - 질병/상해 통원의료비 1회당 30만 원 한도	-3만 원
	통원비			
입원비	암	7만 원		-13만 원
	질병/상해			
골절진단금				
방사선항암약물치료비		75만 원		
기타			화상: 20만 원 5 대장기이식술: 2,000만 원	

남편 하지웅 씨는 기존의 종신보험 두 건을 해지하고 D생명과 M화재에 복합 설

계해서 신규 가입했습니다. 사망 보장은 정기보험으로 변경하여 20년간 보장받고 사망 보험금은 기존 보험 대비 질병은 2,000만 원, 사고 사망은 1,000만 원을 낮췄습니다. 암 수술비와 입원료를 줄이고, 급성심근경색과 뇌졸중 진단금은 2,000만 원, 일반 수술비는 최대 500만 원까지 늘려서 설계했습니다.

사망 보장 기간을 종신에서 20년으로 변경하고, 사망 보장금과 암 수술비를 줄인 대신 일반 수술비를 늘린 결과 매월 22만 6,000원가량의 보험료가 줄어들었습니다. 20년간 납입해야 하기 때문에 총 5,400만 원가량의 보험료를 줄인 셈입니다.

: 김혜은 씨의 보험가입내역서 :

가입자	김혜은	김혜은	김혜은
보험사 및 상품명	I생명 무배당 종신	H생명 무배당 암플러스 건강	M화재 알파플러스 보장
보장 기간	종신, 80세	80세	100세
납입 기간	60세납	20년	20년납 /3년갱신
보험료	128,340원	28,800원	26,100원
질병/일반 사망	1억 원		
상해 사망	1억 원		2,000만 원

교통 사망		1억 원			
암 진단		2,000만 원	4,000만 원		
뇌졸중, 급성심근경색진단			2,000만 원		
CI 진단금					
재해 장애 시		1,000만 ~9,000만 원		2,000만 원 * 장해율	
수술비	암	400만 원			
	일반				
	상해				
의료실비	입원비	3만 원 / 1일당		- 질병 / 상해 입원의료비 연간 5,000만 원 한도 - 질병 / 상해 통원의료비 1회당 30만 원 한도	
	통원비				
입원비	암	20만 원			
	질병/상해				

골절진단금			20만 원
기타			화상: 20만 원 5대장기이식술: 2,000만 원

아내 김혜은 씨는 남편처럼 M화재에 실손보험이 잘 가입되어 있어서 그대로 유지하면 됩니다. 하지만 I사 종신보험의 경우, 사망에 대한 보장이 높고 이에 비해 특약 보장은 암 진단비 2,000만 원, 수술비 400만 원으로 부족하게 설계되어 있고, 그 외의 보장은 거의 없습니다. H생명의 암보험이 잘 가입되어 있기 때문에 이 보험은 유지하되, 종신보험은 해지하고 정기보험으로 새롭게 가입하는 것이 낫습니다.

새롭게 가입하는 경우, 사망 보장은 남편과 비슷한 수준에서 결정하고, 기간은 막내 자녀의 대학 졸업 때까지로 정합니다. 특약 보장은 기존 H생명의 암보험에 가입된 암 진단과 급성심근경색, 뇌졸중 진단을 제외한 암 수술비, 수술비 등은 남편과 같은 보장 규모로 가입했습니다.

: 김혜은 씨의 보험 리모델링 이후 :

가입자	김혜은	김혜은	김혜은	보험 조정 내용 기존 보험 대비 가감
보험사 및 상품명	신규 가입 D생명 + M화재	기존 유지 H생명 무배당 암플러스 건강	기존 유지 M화재 알파플러스 보장	
보장 기간	20년, 100세	80세	100세	사망 보장 종신 -> 20년
납입 기간	20년	20년	20년납 / 3년 갱신	
보험료	62,890원	28,800원	26,100원	-65,450원
질병/일반 사망	8,000만 원			-2,000만 원
상해 사망	1억 2,000만 원		2,000만 원	+2,000만 원
교통 사망	1억 2,000만 원			+2,000만 원
암진단	3,000만 원	4,000만 원		+1,000만 원

뇌졸중, 급성심근경색진단		2,000만 원	2,000만 원		+2,000만 원
CI 진단금					
재해 장애 시		2,000만 원		2,000만 원 × 장해율	-1,000만 ~ -8,000만 원
수술비	암	200만 원			-200만 원
	일반	10만 ~ 500만 원		20만 원	+10만 ~ 500만 원
	상해	10만 ~ 500만 원			+10만 ~ 500만 원
의료 실비	입원비			- 질병/상해 입원의료비 연간 5,000만 원 한도	-3만 원
	통원비			- 질병/상해 통원의료비 1회당 30만 원 한도	
입원비	암	7만 원			-13만 원
	질병/상해				
골절진단금					
방사선 항암약물치료비		175만 원			

기타			화상: 20만 원 5대장기이식술: 2,000만 원	

김혜은 씨는 기존 보험 중 암보험과 실손보험은 그대로 유지하고, 종신보험을 해약했습니다. 그리고 남편과 비슷한 보장 규모의 보험을 신규로 가입했습니다. 사망 보장을 종신에서 20년으로 낮추고, 질병사망과 재해장해율, 암 수술비를 낮춘 대신 상해 사망과 일반 수술비, 급성심근경색 및 뇌졸중 진단비를 올린 결과 매달 약 6만 5,000원의 보험료를 줄일 수 있었습니다. 이 경우 20년 납입 시 총 1,570만 원의 보험료가 줄어들게 됩니다.

: 기존 보험을 해약하고 신규 가입할 때 주의 사항 :

1. 무작정 해약부터 해서는 절대 안 됩니다. 과거 병원 진료 기록이 있거나 직업이 바뀐 경우 등의 이유로 거절이 될 수 있기 때문에 신규 가입이 완전히 처리된 이후(보험 증

권을 수령한 이후)에 기존 보험을 해약해야 합니다.
2. 보험 설계사의 의견을 듣기 전에 직접 보험 설계를 해보는 것이 좋습니다.
3. 과거의 보험 중 100퍼센트 보장 실손보험, 비갱신형 보장상품, 고금리 확정이자 저축보험, 고액보장 암보험 등은 해지해서는 안 되는 좋은 보험들입니다.

가족 중 자녀인 유정이에 대한 보험이 없습니다. 김혜은 씨는 아직 필요성을 못 느꼈다고 하지만 자녀를 위한 보험도 꼭 필요합니다.

: 어린이보험 가입하기 :

어린이보험은 1만~2만 원에 보장이 든든한 보험이 많습니다. 의료실비부터 수술, 입원, 골절까지 웬만한 보장이 가능합니다. 그 이상 비싼 보험에 가입할 필요는 없습니다. 대개의 경우 기본 보장에 적립되는 금액을 넣어서 저축 기능이 포함된 보험이라 말하지만 보험은 보험으로 끝내야 합니다. 순수하게 보장만 되도록 설계하고, 저축은 따로 저축통장에 넣어두는 게 좋습니다. 자녀에게 선천적인 질병이나 체질이 허약하지 않다면 1만 원대의 어린이보험에 가입하는 것으로 충분합니다.

그럼 이제부터 우리 집 보험 내역을 살펴보겠습니다. 보험증권을 꺼내 양식의 빈칸을 기입하기 바랍니다. 보장 내역이 더 있는 경우 빈칸에 작성하면 됩니다. 이런 식으로 정리를 해두면 보험의 보장 범위와 보험료를 한눈에 확인할 수 있어서 관리하는 데 편리합니다.

직접 써보는 보험가입내역서

: ＿＿＿＿의 보험가입내역서 :

가입자			
보험사 및 상품명			
가입 일자			
보장 기간			
납입 기간			
보험료			
질병/일반 사망			

상해 사망				
교통 사망				
암 진단				
뇌졸중, 급성심근경색진단				
CI 진단금				
재해 장애 시				
수술비	암			
	일반			
	상해			
의료실비	입원비			
	통원비			
입원비	암			

입원비	질병/상해			
골절진단금				
여성6대질병 진단금				
기타				

: _____ 의 보험 리모델링 이후 :

가입자			
보험사 및 상품명			

가입 일자			
보장 기간			
납입 기간			
보험료			
질병/일반 사망			
상해 사망			
교통 사망			
암 진단			
뇌졸중, 급성심근경색진단			
CI 진단금			
재해 장애 시			
수술비	암		

수술비	일반			
	상해			
의료실비	입원비			
	통원비			
입원비	암			
	질병/상해			
골절진단금				
여성6대질병 진단금				

기타			

: _____ 의 보험가입내역서 :

가입자			
보험사 및 상품명			
가입 일자			
보장 기간			
납입 기간			
보험료			
질병/일반 사망			
암 진단			
뇌졸중, 급성심근경색진단			

CI 진단금				
재해 장애 시				
수술비	암			
	일반			
	상해			
의료실비	입원비			
	통원비			
입원비	암			
	질병/상해			
골절진단금				
여성6대질병 진단금				

기타			

: _____의 보험 리모델링 이후 :

가입자			
보험사 및 상품명			
가입 일자			
보장 기간			
납입 기간			
보험료			

질병/일반 사망				
상해 사망				
교통 사망				
암 진단				
뇌졸중, 급성심근경색진단				
CI 진단금				
재해 장애 시				
수술비	암			
	일반			
	상해			
의료실비	입원비			
	통원비			

입원비	암			
	질병/상해			
골절진단금				
여성6대질병 진단금				
기타				

: _____의 보험가입내역서 :

가입자			
보험사 및 상품명			
가입 일자			
보장 기간			
납입 기간			
보험료			
질병/일반 사망			
상해 사망			
교통 사망			
암 진단			
뇌졸중, 급성심근경색진단			

CI 진단금				
재해 장애 시				
수술비	암			
	일반			
	상해			
의료실비	입원비			
	통원비			
입원비	암			
	질병/상해			
골절진단금				
여성6대질병 진단금				

기타			

: _____의 보험 리모델링 이후 :

가입자			
보험사 및 상품명			
보험료			
질병/일반 사망			
상해 사망			
교통 사망			

암 진단				
뇌졸중, 급성심근경색진단				
CI 진단금				
재해 장애 시				
수술비	암			
	일반			
	상해			
의료실비	입원비			
	통원비			
입원비	암			
	질병/상해			
골절진단금				

여성6대질병 진단금			
기타			

: _____ 의 보험가입내역서 :

가입자			
보험사 및 상품명			
가입 일자			
보장 기간			

납입 기간				
보험료				
질병/일반 사망				
상해 사망				
교통 사망				
암 진단				
뇌졸중, 급성심근경색진단				
CI 진단금				
재해 장애 시				
수술비	암			
	일반			
	상해			

의료실비	입원비			
	통원비			
입원비	암			
	질병/상해			
골절진단금				
여성6대질병 진단금				
기타				

: _____의 보험 리모델링 이후 :

가입자			
보험사 및 상품명			
보험료			
질병/일반 사망			
상해 사망			
교통 사망			
암 진단			
뇌졸중, 급성심근경색진단			
CI 진단금			
재해 장애 시			
수술비	암			

수술비	일반			
	상해			
의료실비	입원비			
	통원비			
입원비	암			
	질병/상해			
골절진단금				
여성6대질병 진단금				
기타				

지금까지 김혜은 씨 가족은 두 달 동안 ABC 가계부를 작성하고 지출 규모를 파악한 뒤 낭비 지출을 줄였습니다. 또 현금흐름표를 작성하고 돈의 흐름을 파악한 뒤에는 소득에 적정한 규모로 보험료를 줄이는 데 성공했습니다.

뿐만 아니라 현재 소유하고 있는 자동차를 처분하고 중고차를 사면서 자동차 할부금까지 없앨 수 있었습니다. 그동안 알게 모르게 새고 있었던 불필요한 지출을 단 두 달만에 해결한 것입니다.

이와 같이 2개월 동안 지출 관리를 한 결과 무려 190만 원의 돈을 남기게 되었습니다. 김혜은 씨 가족의 최종 현금흐름표를 공개합니다.

김혜은 씨의 현금흐름표 엿보기 ③

: 현금흐름표 :
2013. 9. 1 ~ 2013. 9. 30

	구분	금액	소득 일자	비고
수입	하지웅 급여	215만 원	매월 20일	실수령액
	김혜은 급여	245만 원	매월 20일	실수령액
	기타 소득			
	수입 합계	460만 원		
지출	생활비	하지웅 개인 452,500원		교통비, 식대, 휴대전화 등 일체
		김혜은 개인 419,510원		교통비, 식대, 휴대전화 등 일체
		하유정 개인 640,000원		유치원, 학습지 등

		항목	금액	비고
지출	생활비	공동 생활비	798,800원	관리비, 외식비 등
		대출이자	148,000원	전세자금대출
		보험료	237,220원	보장성보험
		자동차 할부금		
		생활비 합계	2,696,030원	
	저축			
		저축 합계		
	지출 합계		2,696,030원	
	총 수입 - 총 지출 = 1,903,970원			

직접 써보는 현금흐름표 ②

: 현금흐름표 :

. . . ~ . .

	구분	금액	소득 일자	비고
수입				
	기타 소득			
	수입 합계			
지출	생활비	개인		
		개인		
		개인		

지출	생활비	공동 생활비		
		대출이자		
		보험료		
		생활비 합계		
	저축			
		저축 합계		
	지출 합계			
총 수입 − 총 지출 = 원				

최종 현금흐름표를 살펴본 김혜은 씨 부부는 보고도 믿기지 않는 눈치입니다.
"쏨쏨이는 별 차이가 없는 것 같은데 이렇게나 많은 돈이 남았네요."
"돈을 잘 쓰고 있는지 의식을 하면서 썼기 때문입니다."
"그럼 평생을 이렇게 의식하면서 돈을 써야 하나요?"
"어느 순간이 되면 자연적으로 습관이 됩니다. 부자들이 허튼 데 돈 쓰는 것 보셨습니까? 다 이렇게 습관을 들여서 부자가 된 것입니다."

여러분도 두 달간 지출 관리를 통해 남겨진 돈이 마음에 드십니까? 머니세미나 참석자들은 평균적으로 수입의 20~30퍼센트가량을 줄일 수 있었습니다. 이 돈만 모아도 1년에 서너 달치의 월급이 모아지는 어마어마한 돈이랍니다.
그렇다면 지출을 줄여 만든 남은 돈으로 무엇을 해야 할까요? 바로 다음 단계로 넘어가겠습니다.

: 재정관리 3단계 :

대출 상환하기

지금부터 시작하는 3단계는 대출을 갚는 단계입니다. 만약 대출이 없다면 3단계를 건너뛰고 바로 4단계로 직행하면 됩니다.

경기가 호황이던 시기에는 사람들이 대출을 받아 투자를 했습니다. 과거처럼 재테크 수익률이 대출이자를 넘는다면 대출을 이용해 투자하는 것도 자산을 늘리는 좋은 방법이 될 수 있지만 지금은 아쉽게도 저금리·저성장 시대입니다. 재테크로 대출 이자 이상의 수익을 내기가 무척 힘든 세상이 된 것입니다. 그렇기 때문에 대출이 있다면 저축이나 투자를 하기에 앞서 이를 상환하는 게 최우선입니다.

김혜은 씨의 경우, 꼭 필요한 저축인 청약통장에 10만 원, 자녀 자립금 통장에 15만 원씩 납입하는 것을 제외하고 매달 150만 원씩 대출을 상환하기로 했습니다.

김혜은 씨 부부가 지출 관리를 통해 남은 돈 190만 원을 활용하는 방법과 대출을 상환하는 계획을 살펴보겠습니다.

: 김혜은 씨의 남은 돈 활용 계획표 :

목적	금액	기간	금융기관	비고
대출 상환	150만 원	2년	우리은행	2년 이후 종잣돈 마련
주택청약	10만 원	5년	우리은행	청약 점수 올리기
자녀 자립금	15만 원	15년	삼성생명	비과세, 미리 증여하기
합계	175만 원		남은 돈 : 15만원	

: 대출 내역 및 상환 계획표 :

우선순위	내역	금액	금리	이자	매달 상환 금액	상환 기간
2	전세자금대출	3,000만 원	4.5%	112,500원	150만 원	20개월
1	마이너스 통장	600만 원	7%	35,500원		4개월
		3,600만 원		148,000원	150만 원	2년

김혜은 씨는 매달 150만 원씩 이자가 높은 마이너스 통장대출을 먼저 갚고 다음으로 전세자금대출을 갚기로 했습니다. 이대로라면 2년 후에는 모든 대출이 상환됩니다. 대출을 상환할 때마다 줄어든 이자 비용을 추가적으로 갚는다면 상환 기간은 더 줄어들 것입니다.

계획을 짜면서도 부부는 걱정부터 앞섭니다.

"소장님, 대출 때문에 걱정이에요, 어떻게 해야 할지 모르겠어요."

"벌어서 갚으면 됩니다."

"돈이 없어요, 갚을 돈이 없다니까요."

"지금 입고 계신 옷 사 입을 돈은 있으시네요. 비싸 보이는데."

대출 계산기

대출 상환 계획을 세울 때 각 금융사 홈페이지에 있는 금융 계산기나 스마트폰의 재무 계산기 어플을 통해 쉽게 계산할 수 있습니다.

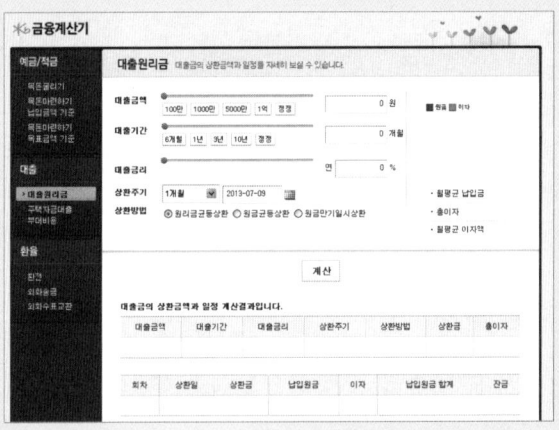

하우스푸어 탈출하기

하우스푸어란 내 집을 마련하기 위해 과도하게 대출을 받아 매달 소득의 3분의 1가량을 대출 갚는 데 쓰는 사람들입니다. 집값이 한참 오를 때 무리하게 집을 샀지만 현재 집값이 하락해 팔지도 못하고, 과도한 이자로 인해 버거운 생활을 하는 사람들이 전국적으로 50만 가구가 넘는다고 합니다.

하우스푸어에서 탈출하려면 먼저 구입한 집의 목적을 분명히 정해야 합니다. 과거에는 주택을 구입할 때 투자와 주거 목적이 모두 있었지만 지금은 재테크 환경이 달라졌기 때문에 둘 중 한 가지 목적을 분명히 정해야 합니다.

내가 구입한 집의 목적이 투자용인데 집값이 떨어지고 있다면 어떻게든 처분해야 합니다. 확정된 재개발 계획이나 기타 상승 여력이 충분한 지역을 제외하면 생산 인구의 감소, 주택 구입 여력 부족, 주택 보급률 100퍼센트 상회 등의 이유로 인해 앞으로 집값은 더 떨어질 가능성이 높기 때문입니다. 반면에 주거 목적으로 집을 구입했다면 지금부터 대출을 갚는 계획을 세우고 실천해야 합니다.

: 대출 상환 순서 :

1. 대출이 여러 곳에 있을 경우, 적은 금액부터 갚습니다. 소액 대출의 경우 대부분 고금리의 이자를 내는 경우가 많고, 대출받은 금융기관을 줄여야 신용점수를 높게 받을 수 있기 때문입니다. 대출을 갚아 신용점수가 높아지면 기존 대출 상품에 대한 금리인하 요구를 할 수 있습니다.
2. 대출 이자가 높은 순서대로 우선순위를 정합니다.
3. 청약저축처럼 반드시 필요한 저축 외에 남은 돈은 대출 상환에 써야 합니다.

4. 주택담보대출의 경우, 금액이 크기 때문에 은퇴 전까지 원금상환을 할 수 있도록 해야 합니다. 이때 이자만 납입하는 만기일시상환 방식은 원금균등상환이나 원리금균등상환 방식으로 바꿔야 합니다. 나중에 한꺼번에 갚겠다는 생각은 절대 금물입니다. 돈을 벌고 있는 지금도 빚을 못 갚고 있는데 소득보다 지출이 늘게 되는 미래에는 빚을 더 갚기 어렵습니다.

대출금을 갚는 법

대출을 갚는 방식은 만기일시상환과 원리금균등상환, 원금균등상환으로 나뉩니다.

만기일시상환은 이자만 납부하다가 만기가 되었을 때 원금을 한꺼번에 갚는 방법입니다. 이는 시세차익을 남기기 위해 투자 목적으로 부동산을 구입했다가 단기간에 처분할 때 유용한 방법입니다.

하지만 주거 목적으로 집을 구입했다면 만기일시상환은 위험할 수 있습니다. 당장은 이자만 납부하기에 부담이 덜 하지만 만기 시점에 모아놓은 돈이 없다면 자칫 집을 잃을 수도 있기 때문입니다. 주택담보대출이 있다면 원리금균등상환이나 원금균등상환으로 바꿔야 하며, 상환 기간은 은퇴 이전으로 설정해야 합니다.

원금균등상환과 원리금균등상환이 어떻게 다른지 차이점을 분명히 알아야 좀 더 유리한 쪽을 선택할 수 있습니다.

원금균등상환은 내가 받은 대출 원금을 대출 기간으로 나누어 매달 일정하게 원금을 갚는 것입니다. 예를 들어 대출금 1억 5,000만 원을 20년으로 나누면 매달 62만 5,000원이 되고 이 원금에 따른 이자를 내는 방식이 원금균등상환입니다. 시간이 갈수록 원금이 줄어들기에 이자도 함께 줄어들게 됩니다. 초기에는 비교적 상환금이 많지만 나중에는 점점 상환금이 줄어드는 장점이 있습니다.

원리금균등상환은 원금과 이자를 매달 균등하게 내는 것입니다. 초기에는 원금은 적게, 이자는 높게 내다가 시간이 갈수록 원금 비중이 높아지고 이자는 적게 책정되어 매달 일정한 금액을 상환하게 됩니다.

어떤 것이 더 나을까요? 이자만 놓고 따져본다면 원금균등상환의 이자가 가장 적습니다. 1억 5,000만 원의 대출금을 20년 동안 갚는다면 원리금균등상환에 비해서 약 1,200만 원 정도 이자를 적게 냅니다. 하지만 첫 달에 가장 큰 금액을 상환해야 하니 재정 상태를 파악한 후에 결정해야 합니다. 매달 정해진 금액으로 일정하게 대출을 갚고 싶다면 원리금균등상환을 선택하면 됩니다.

: 대출 내역 및 대출 상환 계획표 :

우선 순위	내역	금액	금리	이자	매달 상환 금액	상환 기간

- 대출이 있다면 금융 계산기를 활용해 상환 계획을 세우고 마지막으로 남은 돈을 어떻게 활용할 것인지도 계획을 세웁니다.

: 남은 돈 활용 계획표 :

목적	금액	기간	금융기관	비고
합계				

재테크를 하기 전에 빚부터 갚아야 한다고 강조했지만 김혜은 씨 부부는 투자에 미련을 쉽게 버리지 못합니다.

"담보 대출이자가 저렴한데 그냥 놔두고, 차라리 그 돈을 모아서 투자를 하면 어떨까요?"

"그렇게 해서 성공한 사람 아무도 못 봤습니다."

"투자를 해서 그 돈으로 한번에 갚으면 되잖아요? 10년 후면 다 갚을 수 있을 것 같은데."

"그 전에 집 날립니다. 그것도 한번에 말입니다."

: 재정관리 4단계 :

종잣돈 모으기

박 소장의
머니세미나

대출을 모두 갚았다면 이제부터 본격적인 자산 늘리기에 들어갑니다.

재테크란 '재(財)'를 모아 '테크(tech)'를 부리는 것, 즉 모아놓은 돈을 기술적으로 불리는 것을 말합니다. 돈을 불리기 위해선 종잣돈을 모아야 하는데 쉽지만은 않습니다. 아마도 재테크 중에서 가장 어려운 단계가 아닐까 싶습니다. 많은 사람들이 재테크를 잘하고 싶어도 종잣돈을 모으는 단계에서 실패하기 때문에 포기하는 경우가 가장 많습니다.

종잣돈을 모으는 방법으로 이자를 더 받을 수 있는 고금리 상품을 찾거나 위험을 회피하기 위해 분산투자를 하거나 세금을 줄이기 위해 비과세 상품에 가입하는 등 여러 가지 노하우가 알려져 있습니다. 하지만 종잣돈 모으기는 방법을 잘 안다고 해서 성공할 수 있는 것은 아닙니다. 방법보다는 의지가 더 중요하고 처음의 의지를 유지할 수 있어야 성공할 수 있습니다.

김혜은 씨 부부가 찾아왔을 때, 종잣돈을 어떻게 모을 것인지에 대해 설명했습니다.

"이자를 많이 주는 곳에 저축하는 게 최고 아닌가요?"

"저축 금액을 늘리는 게 최고입니다."
"이왕이면 비과세에 소득 공제 상품에 넣어서 세테크를 하려고 하는데요?"
"해지나 하지 마세요."

머니세미나나 개인 상담을 요청하신 분들은 대부분 종잣돈을 모으지 못해 고민합니다. 무작정 돈을 모으려 하지 말고, 지금부터 알려드릴 종잣돈을 모으는 세 가지 원칙에 따라 모으기 바랍니다. 실제로 이 방법을 따라 한 수강생들은 그렇지 않은 경우보다 종잣돈을 모으는 데 성공하는 확률이 높았습니다.

: 종잣돈을 모으는 세 가지 원칙 :

첫째, 종잣돈은 한곳에 몰아서 넣도록 합니다.
저축 통장을 분산시키면 관리도 어렵고, 열심히 모아도 돈이 불어나는 참맛을 느끼기 어렵습니다.
둘째, 금리를 따지기보다는 가까운 은행을 찾아야 합니다.
고금리 저축상품은 대부분 제2 금융권이거나 지방 금융기관에서 취급합니다. 이 경우 이자보다 비용이 더 들 수 있으니 기존에 이용하던 주거래 은행의 저축상품을 선택하기 바랍니다.
셋째, 5년 동안 1억 원을 모아야 합니다.
5년 동안 1억 원을 모으려면 매달 150만 원씩 저축해야 합니다. 종잣돈 1억 원은 재테크 시장에서 의미하는 바가 큽니다. 수익률이 높은 사모펀드에 가입하거나 괜찮은 부동산에 투자하려면 최소 1억 원은 있어야 합니다. 5,000만 원 정도 종잣돈이 있다면 이 돈을 불

> 리려 하지 말고 1억 원이 될 때까지 더 모으는 게 좋습니다. 어중간한 종잣돈은 마땅히 투자할 곳도 없지만 사기당하기에 딱 좋은 돈임을 명심하기 바랍니다. 소액투자자를 끌어들이는 사기집단이 가장 많습니다.

개인 상담을 요청한 김혜은 씨의 표정이 어두워졌습니다.

"통장에 한 푼도 없는데 어떻게 매달 150만 원씩 저축을 합니까? 그럴 돈이 있으면 이곳에 뭐 하러 왔겠습니까, 비싼 돈까지 내면서."

"상담료가 얼마인지 아시죠?"

"당연하죠, 시간당 50만 원이잖아요, 큰맘 먹고 온 겁니다."

"지금 나가서 150만 원짜리 적금통장 하나 만들어오세요."

혜은 씨의 눈은 부풀어 올랐고, 지금 장난하느냐는 표정을 짓고 있습니다.

"통장 만들어오는 시간도 상담 시간에 포함되니 빨리 만들어오세요."

"돈이 있어야 만들어오지요, 무슨 말도 안 되는 소리를."

"대출을 받든, 지나가는 사람에게 빌리든 어떻게 해서라도 만들어오세요."

종잣돈 마련을 위한 저축 계획 세우기

혜은 씨는 과연 통장을 만들어올까요? 더 이상 저를 볼 생각이 없으면 그대로 집으로 갈 텐데 미리 입금한 상담료가 아까워서인지 통장을 만들어 왔습니다. 김혜은 씨는 통장을 내밀면서 입술까지 함께 내밀었습니다. 이제 이 돈을 모으게 되면 5년 후에 어떻게 인생이 바뀌고, 또 그 이후에는 어떻게 바뀌는지 설명했습니다.

"지금처럼 살고 싶으면 통장을 바로 찢어서 해지하시고, 5년 후에 다른 인생을 살고 싶다면 무슨 짓을 해서라도 유지하기 바랍니다."

지금까지 이 말을 들은머니세미나 수강생의 63퍼센트가 통장을 유지하는 데 성공했습니다. 집이 없는 사람은 집이 생기고, 한 채인 사람은 두 채 그리고 건물을 산 사람까지 이들의 인생은 변하기 시작했습니다.

"이대로만 하면 저희도 10억 원을 가진 부자가 될 수 있는 건가요? 계산상으론 어려울 것 같은데요?"

"1억 원부터 먼저 모으고 말씀하세요."

"5년 동안 1억 원이야 모을 수 있을 것 같은데, 10억 원을 모으려면 50년이 걸리잖아요?"

"우리나라에 10억 원을 부유한 사람은 10만 명이 넘는다는데 그 사람들이 50년 동안 저축해서 부자가 됐을까요? 그럼 100억 부자는 500년을 저축했겠네요."

김혜은 씨 부부는 종잣돈을 마련하기 위한 저축 계획을 세우고 앞으로 어떤 식으로 자산을 늘려갈지 목표도 함께 세웠습니다. 그 어느 때보다 두 사람의 표정이 밝아보였습니다.

김혜은 씨의 저축 계획표 엿보기

: 저축 계획표 :

저축 가능 금액			190만 원			
목적	금액	목표 금액	월 저축 금액	기간	비고	
종잣돈	우리은행	1억 원	150만 원	5년	1억 원 모은 후에 투자하기	
주택청약	우리은행	600만 원	10만 원	5년	청약 점수 올리기	
자녀 자립금	삼성생명	3,000만 원	15만 원	15년	19세 이전에 증여하기	
남은 돈			15만 원			

: 자산 관리 목표 :

단기(5년 이내)	중기(10년 이내)	장기(10년 이상)	비고
1. 종잣돈 1억 원 모으기	1. 전원주택 내 집 마련 2. 3,000cc급 대형자동차	1. 상가건물 (월 수익 500만 원) 2. 현금 3억 원 3. 유정이 자립금 5,000만 원 4. 금융 투자금 2억 원	20년 동안 매달 150만 원씩 저축하기 (은퇴 전까지)
종잣돈	내 집, 자동차	상가건물, 투자금, 자립금	

투자를 통한 자산 불리기

종잣돈 1억 원을 모았으면 이때부터 투자를 통한 재테크를 해야 합니다.

가장 좋은 투자 구조는 모아놓은 자산으로부터 새로운 수입이 창출되어서 또 다른 자산을 만들어가는 구조입니다.

가령, 1억 원을 요즘 인기 있는 월 지급식 펀드(ELS)에 투자했다면 연 평균 수익률이 10퍼센트 정도에 달하기 때문에 매달 83만 원 정도의 이자를 받을 수 있습니다.

새로운 수입 83만 원은 생활비로 쓰는 것이 아니라 그대로 저축합니다.

(월 지급식 펀드는 증권사에서 판매하는 파생상품으로 대부분 설정된 기초자산인 코스피

나 미국 다우지수 등이 반 토막으로 떨어지지 않으면 원금이 보장되고 수익금을 받을 수 있는 상품입니다. 2013년 3월 기준 H투자증권의 월 지급식 펀드 68개의 평균 수익률은 11.46퍼센트에 달합니다.)

: 투자 수익을 통한 자산 불리기 구조 :

구분	5년 후	10년 후	15년 후	20년 후
종잣돈	1억 원	약 1억 5,000만 원	약 2억 2,500만 원	약 3억 4,000만 원
종잣돈		1억 원	약 1억 5,000만 원	약 2억 2,500만 원
종잣돈			1억 원	약 1억 5,000만 원
합계	1억 원	2억 5,000만 원	4억 7,500만 원	약 7억 1,500만 원

(매달 저축 금액 150만 원, 투자 수익률 연평균 10퍼센트 가정)

매달 150만 원씩 저축하면 5년 후에 종잣돈 1억 원을 모을 수 있습니다. 이때 모은 돈으로 수익률 10퍼센트 상품에 투자하여 얻은 수익을 저축하게 되면 10년 후엔 약 1억 5,000만 원, 15년 후에는 약 2억 2,500만 원, 20년 후에는 약 3억 4,000만 원으로 불어나게 됩니다.

종잣돈을 모으기 위한 저축을 5년 후에도 계속해서 같은 방법으로 해간다면 20년 후에는 약 7억 1,500만 원의 자산을 만들 수 있습니다. 만약 연 10퍼센트 이상의 수익이 발생한다면 약 10억 원의 자산을 모을 수 있게 됩니다.

수익형 부동산인 상가나 오피스텔 등에 투자했을 경우도 마찬가지입니다. 시세차익을 통한 자산 불리기보다는 위의 방식처럼 매달 일정한 수익을 창출시켜서 자산을 불리는 게 현명한 선택입니다.

시세차익을 위한 부동산 투자의 경우 위험성이 높고, 가격이 오를 때까지 마냥 기다려야 하는 어려움이 있습니다. 만약 부동산 가격이 오르지 않았다면 손실에 대한 감수도 해야 합니다. 하지만 매달 발생되는 수익이 있다면 시간을 통해 자산을 늘려갈 수 있기 때문에 안정적인 재테크를 할 수 있습니다.

똑똑한 노후 준비

저축 계획을 세울 때 빠질 수 없는 것이 노후 준비입니다.

대표적인 상품으로 개인연금을 들 수 있습니다. 많은 사람들이 노후 준비를 위해서 개인연금에 가입하지만 해지율이 높아서 그 목적을 이루지 못하고 있습니다.

나에게 맞는 최선의 노후 준비는 어떤 것인지 자세한 설명은 6단계인 '자녀 자립금 및 노후 준비' 편에서 설명하겠습니다.

자, 그럼 지금부터 종잣돈을 모으기 위한 저축 계획표와 자산 관리 목표를 작성합니다.

: 저축 계획표 :

목적	저축 가능 금액					
	금액	목표금액	월 저축금액	기간	비고

: 자산 관리 목표 :

단기(5년 이내)	중기(10년 이내)	장기(10년 이상)	비고

: 투자 수익을 통한 자산 불리기 구조 :

구분	5년 후	10년 후	15년 후	20년 후
종잣돈				
종잣돈				
종잣돈				
합계				

(매달 저축 금액: 만 원, 투자 수익률: 연평균   퍼센트)

: 5년 동안 종잣돈 1억 만들기 :

1억 원을 5년 동안 모으라고 하면 보통 5년 만기 적금을 떠올립니다. 하지만 1년 만기 자유 적금을 선택하는 것도 좋은 방법입니다. 매달 정해진 금액을 저축하는 3년이나 5년 만기 상품에 비해 금리가 낮기는 하지만 장점이 많기 때문입니다. 자유 납입 방식은 상여금을 받거나 추가 수입 등 돈이 생길 때마다 언제든 추가로 넣을 수 있습니다.

150만 원씩 1년 만기 적금에 가입하면 1년 후 4퍼센트 이자를 적용하면 약 1,800만 원을 받습니다. 이 금액은 은행 예금에 넣어두고 또다시 1년 만기 적금에 듭니다. 만기가 될 때마다 정기 예금에 넣어두면 이자는 복리식으로 쌓입니다. 이런 식으로 5년이 지나면 약 9,000만 원 정도 모이게 되고, 보너스로 받은 돈을 한두 번만 넣어도 1억 원이 만들어집니다.

금리에 따른 저축 비교

(단위: 만 원)

저축액	기간	원금	4% 이자	5% 이자	비고
100만 원	1년	1,200	1,222	1,227	
	2년	2,400	2,485	2,506	
	3년	3,600	3,788	3,835	
	4년	4,800	5,132	5,215	
	5년	6,000	6,516	6,645	
150만 원	1년	1,800	1,833	1,841	
	2년	3,600	3,727	3,759	
	3년	5,400	5,682	5,752	
	4년	7,200	7,697	7,822	
	5년	9,000	9,774	9,968	

(일반 과세, 단리 저축의 경우임, 1,000원 이하 단위는 절삭)

: 재정관리 5단계 :

내 집 마련 계획 세우기

박 소장의
머니세미나

종잣돈을 모으고, 꾸준히 자산을 늘려가던 김혜은 씨 가족은 내 집에 대한 필요성을 느꼈습니다. 유정이도 넓은 집으로 이사 가자고 부쩍 조르기 시작합니다.

종잣돈을 모았다면 내 집 마련부터

최근에는 부동산 경기 불황으로 내 집에 대한 필요성을 못 느끼는 분들이 많습니다. '집값이 더 떨어질 텐데 왜 손해 보면서 내 집에서 사느냐'라는 생각으로 내 집 마련을 미루고 있는 분들이 많은데 이는 잘못된 생각입니다.

과거처럼 은퇴 이후에 10~20년 정도만 살 것 같으면 세입자로 사는 게 큰 문제가 없을 수 있지만 지금은 100세 시대입니다. 은퇴 이후에 내 집 없이 40년을 산다는 건 상상할 수 없는 불행입니다. 나이 들어 밥 먹을 힘도 없는데 집주인이 나가라고 한다면 어떻게 해야 할까요? 이사를 가려고 해도 나이 많은 노인을 반길 집주인은 없습니다.

그래서 종잣돈을 모았다면 첫 번째 자산으로 내 집부터 마련해야 합니다. 내 집 마련 시기는 사람마다 다를 수 있습니다. 종잣돈과 대출을 합쳐 이른 시기에 내 집을 먼저 장만할 수도 있고, 종잣돈을 충분히 모은 후에 마련할 수도 있습니다. 어느 것이든 좋지만 은퇴 전까지는 반드시 집을 마련해야 합니다.

좋은 집을 싸게 사는 법

내 집을 마련할 때 좋은 집을 싸게 살 수 있다면 얼마나 좋을까요?

 부동산을 싸게 사려면 경매나 공매, 급매물 등으로 나온 물건을 찾으면 되지만 경매나 공매의 경우 경쟁자가 많고 전문지식까지 갖춰야 하니 만만치 않습니다. 급매물 역시 정말 좋은 매물이 있더라도, 가족이나 가까운 지인이 부동산을 하지 않는 이상 나에게까지 올 확률도 거의 없습니다.

 경매를 하자니 만만치 않고 급매물은 나에게 올 것 같지도 않고, 그렇다면 어떻게 해야 좋은 집을 싸게 살 수 있을까요? 바로 경매 나오기 직전의 급매물을 찾는 것입니다. 경매 나오기 직전의 급매물이란 집주인이 은행이나 사람들에게 집을 담보로 돈을 빌리고 갚지 않아서 채권자나 법원으로부터 압류나 경고장, 경매예정통지서 등이 발송된 상태의 집입니다. 경매에 나오진 않았지만 매우 위태한 상황에 처한 집입니다. 이런 집은 어떻게 찾을 수 있을까요?

 아파트의 경우, 명확한 시세가 정해져 있고, 경매에 넘어가더라도 평균적인 낙찰가와 낙찰률이 있어서 기대만큼 싸게 살 수 있는 가능성이 적지만, 단독주택이나 토지, 전원주택과 같은 부동산은 명확한 시세도 없고, 낙찰가 및 낙찰률도 주변 상황이나 조건에 따라 편차가 크기 때문에 경매로 넘어갔을 때 상황이 좋지 않다면 가격이 절반 이하로 떨어질 수 있습니다. 이런 부동산이 경매

직전의 상황에 처해 있다면 집주인과 협의해서 저렴하게 살 수 있습니다.

경매 나오기 직전의 급매물을 찾아라

여러 부동산을 보던 중 마음에 드는 집이 나타났다면 먼저 등기부등본을 열람합니다. 등기부등본은 대법원 사이트에서 주소만 알면 누구나 유료로 열람이 가능합니다.

등기부등본 마지막 장을 보면 담보로 받은 대출이나 압류 등의 목록이 우선순위대로 나옵니다. 예를 들어 '근저당 설정 1억 원 ○○은행'이라고 적혀 있으면 은행에서 1억 원의 돈을 빌렸다는 얘기입니다. 보통 1억 원을 빌리면 120퍼센트에 해당되는 1억 2,000만 원의 근저당 금액이 설정됩니다.

대부분의 집은 1금융권의 시중은행에서 빌린 돈의 내역만 나오는데 간혹 1순위 시중은행, 2순위 저축은행 등의 제2금융권, 3순위 개인 이름 등으로 근저당 내역이 복잡한 집이 있습니다. 이런 집은 시중은행에서 대출을 받은 후 돈이 더 필요해서 고금리의 제2금융권에서 추가 대출을 받고 사채와 같은 대부업체에서 돈을 또 빌린 경우입니다.

만약 이런 집이 매물로 나왔다면 누구나 집주인의 상황이 어렵다는 건 쉽게 파악할 수 있습니다. 소중한 내 집이 경매로 넘어간다면 좋아할 사람이 있을까요? 당연히 없습니다. 아파트의 경우 현장을 방문하지 않아도 인터넷을 통해 매물에 대한 정보를 얻을 수 있지만 단독주택이나 전원주택, 토지의 경우 반드시 현장을 방문해서 주변 상황을 파악해야 하기 때문에 경매에 등록되는 순간 많은 경매 투자자들이 몰려들기 시작합니다. 심한 경우 경매학원에서 버스까지 대절해서 사람들어 한꺼번에 찾아오기도 합니다. 상황이 이렇게 되면 동네방네 소문이 퍼지고, 집주인은 고개도 못 들고 다닙니다.

집주인을 설득하는 노하우

등기부상에 대출을 여러 곳에서 받은 기록이 있는 집이 매물로 나왔으면 집주인에게 찾아가 단도직입적으로 얘기합니다.

"등기부등본을 봤더니 상황이 많이 어려우신 것 같습니다. 잘못하다간 경매로 넘어갈 수 있을 것 같은데 이 동네 경매 낙찰률을 보니 절반도 안 되더군요, 경매로 넘어가면 집값은 절반도 못 받고, 수수료와 그동안 밀린 이자까지 내면 남는 것도 없을 겁니다."

이야기를 들은 집주인은 당황해할 것입니다. 이때 집값의 절반 정도 금액을 제시합니다.

"이 집이 마음에 듭니다. 하지만 제가 모아놓은 돈이 이것밖에 안 됩니다. 많이 부족하지만 저에게 파신다면 정말 감사히 생각하고 예쁘게 꾸미며 잘 살겠습니다."

가격이 너무 싸다고 생각한 집주인은 화를 낼 수도 있습니다. 그러면 차분하게 연락처를 알려주며 마무리를 합니다.

"경매로 나오면 동네에 소문나고 좋을 게 없습니다. 다음 주까지 연락을 주시면 제 보험을 깨서라도 이사 비용은 충분히 챙겨드리겠습니다."

과연 다음 주에 연락이 올까요? 김혜은 씨 부부는 반신반의하는 눈치입니다.

"에이, 경매에 넘어가기 직전의 집이 얼마나 되겠어요?"

"경매 법정에 가보세요. 매주 새로운 집들로 넘쳐납니다."

"그렇게 싸게 팔면 집주인은 손해만 보는 거잖아요"

"경매에 넘어가는 것보단 낫습니다."

나만의 부동산 지도 그리는 법

내 집 마련 계획을 세우던 김혜은 씨 가족은 도심의 아파트보다는 정원이 있는 전원주택이나 단독주택을 마련하기로 했습니다. 인터넷의 부동산 정보를 찾아보면서 구체적인 계획을 세웠습니다. 김혜은 씨 가족은 정원이 있는 집에서 살고 싶다는 구체적인 계획을 세운 후에 어느 곳이 적당할지 지역을 선택하지 못하고 있습니다.

부동산은 첫째도 입지, 둘째도 입지, 셋째도 입지입니다. 움직일 수 없기 때문에 어느 곳에 위치해 있느냐가 선택의 가장 중요한 기준이 됩니다.

주택에 있어서 좋은 입지란 출퇴근이 용이하며 자녀들 교육 환경도 괜찮아야 하고, 주변에 혐오시설이나 소음 발생 시설, 낙후시설 등이 없어야 합니다. 여기에 사람들이 꾸준히 늘고 있는 지역이라면 더욱 좋은 입지를 갖춘 곳입니다.

이런 곳을 찾기 위한 가장 좋은 방법은 '나만의 부동산 지도'를 그리는 것입니다. 내가 직접 그리는 지도는 부동산 실력을 높이는 데 한몫을 단단히 합니다. 나만의 부동산 지도를 그리는 목적은 교통, 교육, 기반시설 등의 여건을 고려하여 가장 이상적인 지역을 찾기 위함입니다.

김혜은 씨의 경우 직장은 강남에 있고, 남편의 직장은 잠실 인근입니다. 부부가 앞으로 살고 싶은 지역은 출퇴근을 편하게 할 수 있는 서울 외곽의 조용한 곳입니다. 두 사람은 인터넷에서 수도권 지도를 구입해서, 부동산 지도를 그리기 시작했습니다.

가장 먼저 지도 상에 직장의 위치부터 표시합니다. 그런 다음 직장에서부터 반경 30킬로미터 크기의 원을 그립니다. 출퇴근을 용이하게 하려면 최대 30킬로미터 이내에 집이 있어야 하기 때문입니다. 그다음 단계에서는 직장 근처로 운행하는 대중교통을 찾아 노선도를 그리고, 각 지자체 홈페이지에서 앞으로 건설될 도로도 찾아서 함께 그립니다.

지도 그리기가 끝나면 이제부터 대중교통 노선과 도로 여건을 보면서 괜찮다고 생각되는 지역이 있으면 주말마다 찾아갑니다. 근처 부동산에 들러서 시세도 알아보고, 교육과 기반시설 등의 여건도 살핍니다. 이런 식으로 몇 개월을 찾아보면 가장 이상적인 지역을 찾을 수 있게 됩니다.

김혜은 씨의 내 집 마련 계획 엿보기

: 내 집 마련 계획 :

목적	주거용	두 번째 집부터 투자용
지역	경기도 용인, 광주, 하남 등지	조용하고 교통 편리한곳
형식	전원주택 / 단독주택	전망이 좋은 곳
규모	대지 60평, 건평 30평 정도	아담한 2층집
예상 구입 시기	7년 후	대지, 건물 포함
예상 소요 자금	3억 원	대지, 건물 포함
자금 조달 계획	1. 7년 후까지 종잣돈 1억 3,000만 원 (2년간 대출 상환 후 5년간 종잣돈 마련) 2. 전세보증금 1억 원 3. 은행 대출 7,000만 원 (매달 200만 원씩 3년간 상환 계획)	

김혜은 씨 가족은 종잣돈 1억 3,000만 원과 전세보증금 1억 원을 합하여 3억 원짜리 주택을 구입하는 계획을 세웠습니다. 부족한 7,000만 원은 저금리의 생애최초주택담보대출을 받아 매달 200만 원씩 3년간 갚을 계획입니다.

이때 대출 규모는 전체의 3분의 1 이하로 잡아야 대출 상환에 무리가 없습니다. 주거용 집이란 내가 살기 편한 집을 말합니다. 입지와 교통, 교육 시설 여건을 잘 따져서 분양을 받는다면 정부에서 제공하는 장기임대주택도 좋은 선택입니다.

: 신혼부부를 위한 내 집 마련 :

정부에서는 다자녀 가구와 신혼부부를 위한 임대주택의 공급량을 늘려가고 있습니다. 전세값으로 인해 신혼집 마련이 부담스럽거나 저렴하게 내 집을 마련하려는 분들은 관심을 갖고 계획을 세우기 바랍니다. 분양 계획 및 청약 자격에 대한 자세한 내용은 한국주택토지공사(LH), 장기전세주택(Shift), 각 지역 도시공사 홈페이지를 통해 알 수 있습니다.

: 연령대별 부동산 마련 계획 :

20~30대: 내 집 마련 시기. 아파트나 단독주택 등 주거용 주택에 관심을 갖고 계획을 세웁니다.

40~50대: 내 집 확장 및 투자용 부동산 마련 시기. 자녀가 성장함에 따라 집을 넓혀가거나 경매, 재개발, 토지 등에 관심을 갖고 투자용 부동산을 구입하며 자산을 늘려갑니다.

60대 이상: 은퇴 자금을 위해 수익형 부동산에 관심을 갖고 투자합니다. 매매 차익을 위한 수익보다는 매달 월세를 받을 수 있는 오피스텔이나 상가에 투자하여 안정적인 노후 생활비를 마련해야 합니다.

직접 써보는 내 집 마련 계획

내 집이 없는 분은 첫 번째 내 집 마련 계획을, 내 집이 있는 분은 투자를 위한 두 번째 부동산 마련 계획을 적어보기 바랍니다.

: 내 집 마련 계획 :

목적		
지역		
형식		
규모		
예상 구입 시기		
예상 소요 자금		

자금 조달 계획	

투자용 부동산을 마련할 때에도 주거용 내 집을 마련할 때와 마찬가지로 부동산 지도를 그리는 단계를 거치지만 이때에는 순수하게 수익형 부동산을 선택해야 합니다. 시세차익을 노리기보다는 매달 안정적으로 수입이 발생할 수 있도록 하는 것이 좋습니다.

: 투자용 부동산 마련 계획 :

목적		
지역		
형식		
규모		

예상 구입 시기		
예상 소요 자금		
자금 조달 계획		

: 재정관리 6단계 :

자녀 자립금 및 노후자금 마련하기

박 소장의 머니세미나

김혜은 씨는 유정이를 볼 때마다 걱정입니다. 지금 들어가는 교육비도 만만치 않은데 앞으로 얼마가 더 들어갈지 벌써부터 답답합니다.

자녀 학자금, 얼마나 필요할까?
아이를 둔 부모라면 자녀의 대학 학자금 마련은 큰 고민일 수밖에 없습니다. 지금도 자녀 앞으로 들어가는 돈이 만만찮은데 대학 학자금까지 마련하려니, 노후 준비도 제대로 못하는 마당에 막막하게만 느껴질 것입니다.

이제 대학 등록금이 1,000만 원인 시대가 되었습니다. 정치권은 반값 등록금을 운운하지만 언제 실행이 될지는 아무도 모릅니다. 반값은 아니더라도 매년 평균 7퍼센트씩 오르는 등록금 인상률이나 붙잡아줬으면 하는 것이 부모들의 바람입니다.

그렇다면 자녀 한 명을 대학까지 졸업시키는 데 얼마나 들까요? 현재 네 살인 유정이의 경우를 예로 들어보면 등록금 인상률에 따라 다음과 같은 계산이 나옵니다.

현재의 등록금(연간)	경과 기간	등록금 인상률 (연간, 전년 대비)	예상 등록금(4년간)
1,000만 원	15년	4퍼센트	7,200만 원
		7퍼센트	1억 1,040만 원
		10퍼센트	1억 6,720만 원

지금까지 대학 등록금 평균 인상률인 7퍼센트를 가정한다면 15년 후에 대학을 졸업시키려면 대략 1억 1,000만 원이 필요한 셈입니다. 자녀가 둘이라면 설상가상으로 2억 2,000만 원이 드니 한숨이 나올 수밖에 없습니다.

이 돈을 준비하려면 얼마씩 저축을 해야 할까요?

대학 학자금 (1명)	투자 기간	수익률 (세후, 연복리)	투자 금액(매월)
1억 1,000만 원	15년	4퍼센트	45만 원
		7퍼센트	35만 원
		10퍼센트	27만 원

매년 10퍼센트 수익을 내는 상품에 저축한다면 27만 원을 납입해야 하지만, 장기복리 저축상품 중에 매년 10퍼센트씩 수익을 내는 상품은 찾을 수가 없고,

7퍼센트 수익을 내기도 어려운 게 현실입니다.

비교적 안정적인 4퍼센트의 수익을 기대하고 저축한다면 매달 45만 원씩 납입해야 합니다. 그것도 자그마치 15년 동안이나 말입니다. 자녀가 둘이라면 90만 원씩 15년간 저축을 해야 하니 과연 이를 실행할 수 있는 사람이 대한민국에 몇 명이나 될까요?

학자금에 대한 허상과 올바른 준비법

우리나라 도시 근로자들의 평균적인 가계 수입은 350만 원 정도입니다. 여기서 100만 원은 내 집 마련을 위해 쓰고, 생활비는 아무리 적게 잡아도 150만 원은 씁니다. 그리고 자동차도 굴려야 하니 50만 원을 써야 하고, 자식이 있다면 교육비만 한 명당 50만 원이 듭니다. 이런 식으로 저축할 것도 없이 350만 원을 모두 써버리기 마련입니다.

김혜은 씨 부부에게 학자금 준비가 시급하다고 강조했습니다.

"자녀가 대학에 들어갈 때쯤이면 대학 등록금으로 1억 원 정도는 있어야 됩니다. 지금 당장 매달 50만 원씩 저축하셔야 합니다. 늦으면 더 큰돈을 넣어야 하니 후회하지 마시고 지금 가입하세요."

"그건 저도 아는데…… 돈이 있어야 저축을 하든 뭘 하든 하지요."

사람들 대부분이 비슷한 반응을 보입니다.

이제는 자녀 학자금에 대한 생각을 바꿔야 합니다. 현실적으로 불가능한 금액을 마련해야 한다며 걱정만 할 게 아니라, 자녀를 위해 별도의 자립금 통장을 만들어줘야 합니다. 흔히 자녀에 대한 투자나 교육열에서 우리나라 사람들은 유대인에 뒤지지 않는다고 합니다.

하지만 유대인 가운데는 세계적인 부자가 계속 나오고 있는데 비해 우리는 자식을 아무리 열심히 공부시켜도 부자는커녕 청년 신용불량자만 급증하고 있으니 참 아이러니한 일입니다. 최근 4년간 청년 신용불량자의 수가 38배나 증가했다고 하니 그 심각성을 알만합니다.

유대인과 우리나라 부모의 가장 큰 차이점은 바로 경제적 자립심을 심어주는 방법에 있습니다. 유대인들은 자녀가 태어나면 자립금 통장을 만들어주고 어려서부터 반드시 용돈을 벌어서 쓰게끔 합니다. 우리는 힘들게 공부하는 자녀들에게 용돈을 주고, 친구들 사이에서 기가 죽을까봐 좋은 옷을 사주고 휴대전화기를 최신형으로 바꿔줍니다. 거기에 아무리 힘들어도 대학 학자금까지는 어떻게든 해결해주려고 합니다.

그 결과가 어떻습니까?

모자람 없이 자란 자녀들은 돈을 그저 쓰는 맛에 익숙해져 일단 쓰고 봅니다. 실제로 요즘 30대의 평균 저축률은 2.8퍼센트에 불과하고 저축액은 20만 원이 채 되지않는다 하니 젊은 세대들이 경제적으로 어려울 수밖에 없습니다. 부모의 사정도 마찬가지입니다. 자녀들에게 계속해서 돈을 쓰다 보니 정작 본인들의 노후 준비를 하지 못하고 은퇴를 해도 돈을 벌 수밖에 없습니다. 자식과 부모가 함께 힘들게 사는 구조에 얽매여 있는 것입니다.

자녀를 위한 자립금 통장 만들기

이때 자녀의 경제적 자립을 위한 자립금 통장이 좋은 해결책이 될 수 있습니다. 5만 원이든, 10만 원이든. 자녀 명의로 통장을 만들어 형편이 되는 대로 매달 돈을 넣어줍니다. 자녀들이 세뱃돈을 받거나 용돈이 생겼을 때도 쓰지 말고 모으는 기쁨을 느끼게끔 가르쳐야 합니다.

자녀에게 통장을 만들어주면 자연적으로 경제 교육이 이루어집니다. 매달 통장을 보면서 이달에는 얼마가 들어왔는지 살펴볼 것이고, 돈을 더 모으기 위해 본인의 용돈을 아껴서 넣기도 하고, 친척에게 받은 세뱃돈이나 용돈도 넣으면서 저축의 힘을 알게 되는 것입다.

자녀가 대학에 들어갈 때쯤에는 자립금 통장에 얼마가 있든 더 이상 부모는 관여해서는 안 됩니다. 부족하면 부족한대로 스스로 해결을 하게끔 해야 합니다. 공부를 열심히 해서 장학금을 받든지 아니면 아르바이트를 하든지 스스로 학비를 해결할 수 있어야 어른이 되어서도 경제적으로 자립할 수 있습니다. 어렸을 때부터 올바른 재정관리 습관을 들여야 세상을 움직이는 큰 부자로 클 수 있습니다.

죽어라 일해서 대학까지 보내줬더니 자식이 감사하다는 말은커녕 '여태 노후 준비도 안 하고 뭐 했냐'고 따지더라는 이야기의 주인공이 되고 싶지 않다면 자립금 통장부터 준비하기 바랍니다.

자립금 통장 어떻게 가입할까?

자녀가 열 살 이하로 아직 어리다면 준비 기간이 10년 이상 남았기 때문에 시간을 통해 수익률을 끌어올릴 수 있는 상품을 선택해야 합니다. 장기 상품의 경우 보험사에서만 취급하고 있고 대부분 복리이자와 비과세 혜택을 부여합니다. 장기적으로 유지해야 하는 상품인 만큼 건실한 보험사에 수익자를 자녀로 하여 가입 하도록 합니다.

자녀 나이	10세 이하	13세 이하 (초등학생)	14세 이상 (중고생)
금융기관	보험사 장기저축보험	증권사 적립식 펀드	시중은행 적금
장점	비과세, 복리 혜택	은행 이자 이상의 수익률 기대	안전한 원금 유지

초등학교 6학년 이하의 자녀가 있다면 증권사의 적립식 펀드를 추천합니다. 장기저축보험으로는 제대로 효과를 볼 수 없고 은행에 넣기에는 기간이 길기 때문에 이 경우에는 중기 상품인 적립식 펀드가 적당합니다. 매달 꾸준히 5년 이상 납입한다면 은행 이자 이상의 수익률을 기대할 수 있습니다.

중고생의 경우, 성인까지 남은 기간이 5년 이하이기 때문에 복리 수익을 기대할 수 없고, 적립식 펀드 또한 수익을 기대하기에는 기간이 짧습니다. 안정적인 은행의 적금에 넣는 것이 좋습니다.

김혜은 씨는 유정이를 위해서 매달 15만 원씩 자립금 통장을 만들어서 납입하기로 했습니다.

김혜은 씨의 자녀 자립금 마련 계획 엿보기

: 허유정의 자립금 통장 :

금융기관	S생명 아이사랑학자금 저축보험	비과세, 복리 상품
매달 납입 금액	15만 원 + α	남은 돈, 용돈, 세뱃돈은 무조건 추가 납입
자립금 건네줄 시기	고등학교 졸업식	앞으로 15년 남았음
예상 자립금 규모	최소 5,000만 원 이상	최대 1억 원

자녀를 둔 부모라면 우리 아이의 미래를 위해 자립금 통장을 만들어봅시다.

: 유용한 자녀 경제 교육 사이트 :

● 한국은행 경제 교육 www.bokeducation.or.kr
한국은행에서 실시하는 온라인 경제 교육 전문 사이트입니다. 어린이 경제마을, 청소년 경제나라, 대학생, 일반인 경제세계 등 세 개의 파트로 나누어 누구나 인터넷을 통해 자신의 수준에 맞는 수업을 들을 수 있습니다. 한은금요강좌 및 전문 강좌 코너에서는 경제 및 금융과 관련한 다양한 주제의 수준 높은 강의를 수강할 수 있습니다.

● 기획재정부 어린이·청소년 경제교실 kids.mosf.go.kr
기획재정부에서 어린이와 청소년을 상대로 실시하는 경제 교육 사이트입니다. 최근에 이슈가 되는 경제 문제에 대해서 어린이 눈높이에 맞춰 쉽게 설명합니다. 경제실력 알아보기 코너에서는 초등학생, 중학생, 고등학생별로 실력을 평가해볼 수 있는 퀴즈를 풀 수 있습니다. 경제미디어 코디에서는 경제 관련 주제를 플래시를 통해 쉽게 접근할 수 있도록 구성되어 있습니다.

● 금융교육센터 edu.fss.or.kr
금융감독원이 실시하는 금융 교육 관련 사이트입니다. 학교에서는 무상으로 진행되는 단체 교육 프로그램을 신청할 수 있습니다. 온라인금융학교 코너에서는 이해하기 어려운 금융 관련 이슈를 애니메이션으로 쉽게 이해할 수 있도록 했습니다. 또한 어린이용, 청소년용, 대학생 및 성인용으로 구성된 금융 동영상 강좌를 통해 금융 지식을 쌓을 수 있습니다.

직접 써보는 자녀 자립금 마련 계획

： _____ 의 자립금 통장 ：

금융기관		
매달 납입 금액		
자립금 건네줄 시기		
예상 자립금 규모		

: 증여세를 줄이는 방법 :

자녀 자립금을 위한 통장 개설 시 자녀 명의로 해야 증여세를 줄일 수 있습니다.

현행 세법에서는 만 19세까지는 10년 단위로 1,500만 원씩, 20세 이후에는 3,000만 원까지 증여세 공제 혜택이 있습니다.

김혜은 씨의 경우 4세 된 유정이에게 매달 15만 원씩 저축할 경우 9세까지 납부한 900만 원에 대해서 면세를 받을 수 있고, 19세가 되었을 때 총 1,800만 원으로 면세 한도인 1,500만 원을 넘기 때문에 19세에 1,500만 원까지 증여하고 남은 금액은 20세 이후에 증여하는 것이 세금을 줄이는 방법입니다.

연금 상품으로 노후 대비하기

노후 준비하면 떠오르는 것이 연금입니다. 연금은 국가에서 운영하는 국민연금과 회사에서 부담하는 퇴직연금, 개인적으로 준비하는 개인연금, 이렇게 세 가지로 나뉩니다.

국민연금은 기금 고갈 문제로 인해서 말이 많지만 앞으로 새로운 정책을 세울 것이기에 연금을 수령하는 데 큰 문제는 없을 것이라 생각됩니다. 국민연금의 장점은 연금액을 물가 상승률에 비례하여 올려준다는 점입니다.

퇴직연금은 퇴직금을 연금 형태로 지급하는 방식인데 회사를 그만두거나 이직할 때, 대부분 목돈을 찾아서 쓴다는 데 문제가 있습니다. 퇴직금은 연금 자원이기에 그대로 연금으로 묻어둬야 합니다.

개인연금은 본인의 의지보다는 보험설계사의 권유에 의해 가입하는 경우가 많습니다.

김혜은 씨 부부는 노후에 필요한 자금이 얼마인지 궁금해졌습니다.

"60세에 은퇴를 해서 부인과 함께 100세까지 살았다고 칩시다. 아무것도 안

하고 세끼를 5,000원짜리 짜장면을 먹었다고 치면 과연 얼마 정도가 들 것 같으세요? 물 한 모금도 안 먹고 오로지 짜장면만 먹었을 때 말입니다."

"글쎄요."

"4억 3,000만 원이 넘습니다. 짜장면 값이라도 모아두셨나요?"

은퇴 이후 생활비 충당하기

노후자금으로 10억 원이 필요하다는 말이 흔히 나옵니다. 한 달에 생활비를 250만 원씩 30년간 쓴다면 9억 원이 필요하니 여기서 나온 얘기 같습니다.

노후자금은 다양한 방법으로 준비할 수 있습니다.

먼저 은퇴 이후에 필요한 생활비가 얼마인지 생각해봅시다. 김혜은 씨의 경우 매달 300만 원은 필요하다고 합니다. 그럼 매달 300만 원씩 생활비를 받기 위한 방법을 생각해봅시다.

- 국민연금 100만 원(부부 합산)+퇴직연금 100만 원(부부 합산)+개인연금 100만 원(부부 합산)
- 국민연금 100만 원(부부 합산)+퇴직연금 100만 원(부부 합산)+주택연금 100만 원
- 국민연금 100만 원(부부 합산)+주택연금 100만 원+수익형 부동산 100만 원
- 국민연금 100만 원(부부 합산)+즉시연금 100만 원+주택연금 100만 원
- 국민연금 100만 원(부부 합산)+월 지급식 펀드 100만 원+즉시연금 100만 원

국민연금, 퇴직연금, 주택연금, 즉시연금, 월 지급식 금융상품, 상가나 오피스텔 등 수익형 부동산의 월세 등 다양한 방법으로 노후 생활비를 충당할 수 있습니다.

여러 가지 방법 중에서 어떤 식으로 노후 생활비를 충당할 것인지는 각자의 성향에 따라 다릅니다. 안정을 중시한다면 개인연금 위주의 상품이 좋고, 투자를 통해 자산을 늘린 후에 노후자금을 충당할 계획이라면 즉시연금이나 월 지급식 상품을 선택하면 됩니다.

김혜은 씨 부부도 노후자금을 마련할 방법을 고민 중입니다.

"매달 꾸준히 저축해서 평생 연금을 받는 게 좋겠습니까? 아니면 투자를 통해서 자산을 불려놓고 이 자산을 통해 생활비를 받는 게 좋을 것 같습니까?"

"저는 안전하게 연금을 들고 싶습니다. 그런데 개인연금은 종류도 많고 얼마를 넣어야 할지 모르겠어요. 또 비과세가 좋은지 소득공제 상품이 좋은지도 모르겠네요."

부족한 생활비를 보완하는 개인연금

개인연금은 매달 얼마씩 넣을 것인지 고민할 게 아니라 은퇴 이후 생활비가 얼마 필요한지 먼저 계산하고, 부족한 액수만큼 개인연금에 가입해야 합니다.

예를 들어 은퇴 이후 300만 원의 생활비가 필요할 경우, 국민연금 예상 수령액이 부부가 합산하여 120만 원이고 퇴직연금 예상 수령액이 100만 원이라면 부족한 금액은 80만 원입니다. 이때 부족한 금액인 80만 원을 수령할 수 있게끔 개인연금에 가입하면 됩니다.

   은퇴까지 20년 이상 남았다면 펀드로 운영하는 변액연금에 가입하도록 하고 그 이하라면 공시이율로 운영하는 연금보험이 좋습니다. 이때 연봉 8,000만 원 이상의 근로자는 소득공제 혜택이 있는 연금저축에 가입하고, 그 이하의 근로자는 소득공제보다는 비과세 혜택이 있는 연금보험에 가입하는 게 유리합니다.

   은퇴가 시작된 분들의 가장 큰 고민은 지금까지 모아놓은 자산으로 어떻게 노후 생활비를 충당하는가 하는 문제입니다.

   "어찌어찌 자식들 키워놓고 보니 노후 준비는 미처 못했습니다. 그나마 가진 거라곤 집 한 채 뿐인데 앞으로 어떻게 살아야 할까요?"

   대부분 열심히 일해서 돈을 모았고, 모은 돈으로 자식들 키우고 내 집도 사면서 잘 살아왔지만 막상 은퇴가 닥치니 앞으로 살아갈 일이 막막해진 것입니다.

   그동안 모아놓은 자금을 운용하여 노후 생활비를 조달할 때 가장 주의해야 할 점은 높은 수익률에 현혹되어 사기를 당하는 일입니다. 최근 들어 노후자금을 노리는 사기 집단이 급격히 늘었고 그 피해액도 급증하고 있습니다. 얼마 안 되는 돈으로 살아가려니 당연히 높은 수익률에 끌리겠지만 이 시기에 돈을 잃으면 회복하기가 어렵기 때문에 투자 수익보다는 안정적으로 유지하면서 이자를 받는 데 만족해야 합니다.

은퇴를 앞둔 사람을 위한 노후 상품

은퇴를 압둔 고바우 씨는 그동안 모아놓은 자산을 보니 4억 8,000만 원입니다. 이는 수도권에 거주하는 베이비붐 세대의 평균 자산에 해당합니다. 그런데 문제가 있습니다. 4억 8,000만 원의 자산 중 현재 살고 있는 집이 4억 6,000만 원이나 되기 때문입니다. 생활비로 쓸 자금은 2,000만 원에 불과하니 1년 정도만 지나면 생활비가 한 푼도 없게 됩니다.

고바우 씨가 할 수 있는 건 집을 팔고 작은 집으로 이사를 한 후 남은 차익금을 통해 생활비를 얻는 것과 집을 팔지 않고 그대로 살면서 집을 이용하여 노후자금을 마련하는 방법이 있습니다.

마음이 급해진 고바우 씨는 전문가를 찾아 상담도 해보고, 은퇴자를 위한 자산 관리 세미나도 들어봤지만 어떤 게 좋을지 감이 잡히질 않습니다.

고바우 씨가 집을 팔아서 생긴 가용 금액 2억 3,000만 원으로 요즘 인기 있는 수익형 부동산 오피스텔을 사서 월세를 받을 경우 매달 80만 원 정도의 생활비를 받을 수 있습니다. 또 보험사에서 취급하는 즉시연금의 경우도 비슷한 금액인 80만 원 정도를 받게 됩니다. 투자 상품인 월 지급식 펀드의 경우 좀 더 높은 수익이 날 경우 90만 원 정도를 받을 수 있습니다.

결론적으로 보면 수익형 부동산에 넣든, 즉시연금에 넣든 아니면 월 지급식 펀드에 넣든 받는 돈은 비슷합니다. 어떤 게 더 좋을지 고민할 게 아니라 어떤

: 고바우 씨의 노후자금 마련 방법 :

자산 규모		주택 : 4억 6,000만 원 현금 : 2,000만 원 합계 : 4억 8,000만 원	
집을 팔 경우		집을 팔지 않을 경우	
새로운 집 : 2억 5,000만 원		주택 가격	4억 6,000만 원
가용 금액 : 2억 3,000만 원		주택 가격	4억 6,000만 원
1. 오피스텔 투자 시	매월 80만 원 (순수익 4.2퍼센트 경우)	주택연금	매월 약 110만 원 (60세 신청 시)
2. 즉시연금 신청 시	매월 약 80만 원 (4.7퍼센트, 상속형)		
3. 월 지급식 펀드 투자 시	매월 92만 원 (월 0.4퍼센트 수익률 가정)		

상품이 나에게 편할지 생각해서 선택하면 됩니다. 부동산에 관심이 많은 사람은 수익형 부동산을, 안정적인 연금을 받고 싶다면 즉시연금을, 원금 손실이 있더라도 투자를 통해 높은 수익금을 받고 싶다면 월 지급식 펀드를 선택하면 됩니다.

만약 고바우 씨가 집을 팔지 않고 그대로 살면서 주택연금에 가입한다면 약

110만 원가량을 평생 동안 받을 수 있습니다. 금액은 좀 더 높지만 집이 없어지는 점을 감안한다면 이 역시 비슷한 금액을 수령하는 셈입니다.

노후자금을 마련할 수 있는 여러 가지 상품 가운데 각각의 특징과 장단점을 파악해서 선택하기 바랍니다.

오피스텔	특징	부동산 투자 중 비교적 소액으로 안정적인 임대수익 창출
	단점	건물 노후화로 인한 가치 하락, 개발 가능성 낮음
즉시연금	특징	목돈을 일시에 맡기고 매달 공시이율에 의한 연금을 타는 방식, 10년 이상 가입 시 이자소득세 면제
	단점	종신 또는 10년 이상 가입해야 하고 중도 해지할 경우 원금 손실 가능, 금리하락 시 연금액이 줄어듦
월 지급식 펀드	특징	목돈을 일시에 맡기면 채권형, 주식형, 혼합형 등 다양한 방법으로 수익을 창출하며 매달 0.1~0.7퍼센트 사이에서 원하는 금액을 수령 가능
	단점	수익률 하락 시 원금이 보전되지 않음
주택연금	특징	살고 있는 집에서 계속 살면서 사망 시까지 매달 연금을 받고 남은 부분은 가족에게 상속됨
	단점	중도에 주택을 팔 경우 그동안 받은 연금과 이자, 보증료, 수수료 등을 물어내야 함

: 연령대별 은퇴 설계 시 확인 사항 :

- 20~30대 : 복리효과를 최대한 활용해 적은 돈으로 은퇴 준비를 시작하는 시점입니다. 생활비를 줄이고 단 10만 원이라도 개인연금에 가입하거나 종잣돈을 모아야 합니다.
- 40~50대 : 더 늦기 전에 명확한 은퇴 계획을 세울 시기입니다. 대출이 있는 경우 상환 계획을 은퇴 전까지 세우고, 실손의료보험과 보장성보험도 제대로 가입이 되어 있는지 확인해야 합니다.
- 60대 : 매달 일정하게 생활 자금이 나올 수 있도록 그동안 모아온 자산을 통해 계획을 세울 시기입니다. 한쪽으로 자산이 몰려있지 않도록 하고 임대소득과 연금소득이 절반씩 나올 수 있도록 배분하는 것이 좋습니다.

김혜은 씨의 노후자금 마련 계획 엿보기

김혜은 씨 가족이 작성한 노후자금 마련 계획을 살펴보겠습니다.

노후자금 마련 계획

예상 은퇴 나이	60세	은퇴 후 필요 생활비	300만 원
종류	예상 수령액	월 납입액	비고
국민연금 (하지웅)	88만 원	18만 원	
국민연금 (김혜은)	46만 원	21만 원	50세까지 납부 후 직장 퇴사 후 최소금액으로 임의가입 시
퇴직연금 (하지웅)	45만 원	15만 원	
퇴직연금 (김혜은)	30만 원	17만 원	

개인연금	50만 원	20만 원	20년 납부, 60세부터 수령
즉시연금			
월 지급식 투자상품			
수익형 부동산	50만 원		종잣돈 마련 후 수익형 부동산을 마련할 경우
주택연금			
합계	309만 원		

김혜은 씨와 남편은 은퇴 이후 65세부터 약 200만 원가량의 국민연금과 퇴직연금을 받을 수 있습니다. 은퇴 이후 필요 생활비는 300만 원으로 정했고, 부족한 100만 원 중 절반은 개인연금에서 나머지 절반은 수익형 부동산을 통해 충당하기로 했습니다.

여러분도 노후 준비를 위한 계획을 세워보기 바랍니다.

: 노후자금 마련 계획 :

예상 은퇴 나이		은퇴 후 필요 생활비		
종류	예상 수령액	월 납입액	비고	
국민연금 ( )				
국민연금 ( )				
퇴직연금 ( )				
퇴직연금 ( )				
개인연금 ( )				
개인연금 ( )				

즉시연금			
월 지급식 투자상품			
수익형 부동산			
주택연금			
합계			

: 재정관리 7단계 :

추가 소득을 위한 자기계발 재테크하기

박 소장의 머니세미나

자기계발하면 흔히 떠오르는 게 영어 공부, 운동, 독서 등입니다. 하지만 이런 것들은 말 그대로 자기계발에 국한될 뿐, 수입으로 연결되기에는 부족합니다. 가령 영어 공부를 열심히 하면 영어 실력은 늘어나지만 수입을 창출할 실력까지 끌어올리기에는 엄청난 시간과 노력이 필요합니다.

이제부터 자기계발을 할 때 '추가소득'이라는 분명한 목적을 두고 접근해보기 바랍니다. 추가소득이란 현재 급여 외에 또 다른 수입원을 만들어내는 것으로 그 비중은 급여 수준까지 끌어올리는 게 첫 번째 목표입니다.

월급쟁이 부자가 사라진 시대

지금까지 김혜은 씨 부부는 열심히 일해 돈을 벌고, 아껴 쓰면서 대출도 갚고 내 집 마련을 위한 종잣돈을 모으고 있습니다. 전체 수입 460만 원 가운데 190만 원을 저축하고 있으니 적은 규모는 아닙니다. 190만 원의 저축 중 150만 원은 종잣돈 통장에 넣고 나머지는 유정이 자립금 통장과 CMA 통장에 넣어서 예기치 못한 지출에 대비하고 있습니다.

150만 원씩 저축을 한다면 얼마나 모을 수 있을까요?

원금만 따져봤을 때 5년이면 1억 원, 10년 후엔 2억 원, 20년 후엔 4억 원입니다. 남편 하지웅 씨는 앞으로 20년 후에 은퇴할 예정이니 아무리 많이 모아도 5억 원 정도가 됩니다. 5억 원이면 수도권 내에 집 한 채 사면 없어지는 돈입니다. 앞으로 30~40년은 더 살아야 하는데 이대로라면 아무런 준비 없이 달랑 집 한 채 구입하고 은퇴를 해야 합니다.

부자가 되겠다고 마음먹었다면 들어오는 수입을 늘려야 합니다. 월급은 오르는데 한계가 있고, 그 월급으로 모으고 불리는 것 역시 한계가 있기 때문입니다. 금융위기 이전인 2007년 전까지만 해도 월급쟁이 부자들이 제법 생겨났습니다. 부동산 전성기 때라 재테크에 관심 있는 사람은 집을 사고팔면서 시세차익을 많이 봤고, 우후죽순으로 신도시가 들어서면서 인근 부동산에 투자한 사람들도 돈을 많이 벌었습니다.

추가소득이 필요한 이유

지금은 어떨까요? 알다시피 부동산 시장은 멈춘 지 오래되었고, 주식을 비롯한 투자 상품도 저금리, 저성장의 올가미에서 빠져 나오고 있지 못하고 있습니다. 이제 과거처럼 재테크만으로는 부자가 되기 어려운 시대입니다.

이럴 때 대안이 바로 추가소득을 창출시켜서 수입을 늘리는 것입니다.

김혜은 씨 가족의 경우, 매달 100만 원의 추가소득을 만들어서 저축한다면 20년 후에는 돈을 약 3억 원가량 추가로 모을 수 있는데, 이 돈을 요즘 인기 있는 월 지급식 펀드나 수익형 부동산에 투자한다면 매달 200만 원가량을 받을 수 있게 됩니다. 만약 추가소득이 200만 원으로 늘어서 두 배의 돈을 모았다면 20년 후에는 매달 400만 원의 돈을 받을 수 있습니다. 그것도 아무것도 안하고 놀면서 말입니다.

진정한 부자란, 이런 식으로 돈이 돈을 벌어오는 시스템을 만들어놓은 사람입니다. 자신이 일을 하지 않아도 항상 돈이 들어오기 때문에 늘 여유롭고 풍족한 생활을 하는 것입니다. 반면, 부자가 아닌 사람은 반드시 일을 해야만 돈이 들어오는 사람들입니다. 돈을 벌어야 먹고살 수 있기 때문에 몸이 아파도 일해야 하고, 놀고 싶어도 일해야 합니다. 부자를 꿈꾼다면 반드시 추가소득을 창출해야 합니다.

추가소득 어떻게 만들까?

김혜은 씨 부부에게 당장은 수입이 많지 않아도 우선 추가소득이 나오는 파이프라인을 만들 것을 주문했습니다. 그러자 남편은 시큰둥한 반응을 보입니다.

"저도 추가소득이 나오면 당연히 좋죠, 근데 그게 쉽냐는 겁니다. 당장 직장 다니는 것도 힘든데 어떻게 다른 일을 하면서 돈을 법니까? 퇴근하고 대리운전이라도 할까요?"

옆에서 듣고 있던 혜은 씨가 조심스럽게 말을 꺼냅니다.

"부업이라도 알아볼까요? 그림엽서를 그리는 건데 한 장당 500원이래요. 이것도 추가소득인 거죠?"

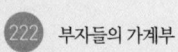

: 파이프라인 우화 :

"옛날 어느 마을에 김 씨와 이 씨라는 사람이 있었어. 이 마을은 주변 호수에서 물을 길어다 써야 했는데 김 씨와 이 씨는 물을 길어다 파는 일을 했지. 성실하고 부지런한 김 씨와 이 씨는 이른 새벽부터 밤늦게까지 물을 길러다 팔며 많은 돈을 벌기 시작했어.

그런데 말이야. 이 씨는 오전에만 물을 길어다 팔고 오후에는 다른 일을 시작한 거야. 호숫가에서 마을까지 이어지는 파이프라인 공사를 시작한 것이지. 그 사실을 알고 김 씨는 이 씨를 비웃었어. 돈을 벌 때 벌어야지 언제 완성될지도 모르는 공사에 매달린다면서 말이야. 마을 사람들까지 비웃었지만 이 씨는 오후만 되면 항상 삽을 들고 파이프라인을 묻을 땅을 팠어."

"그래서 어떻게 되었는데요?"

"음, 하루 종일 일해 돈을 많이 번 김 씨는 호화로운 주택에서 살며 좋은 자동차를 타고 자녀들을 유명 사립학교에 보내면서 여유로운 생활을 즐겼지. 하지만 이 씨는 수입이 절반밖에 안 되기 때문에 어려운 생활을 할 수밖에 없었어."

"세월이 흘러 이들은 나이가 들었고 열심히 일했던 김 씨의 몸에 이상이 오기 시작했어. 그동안 무리한 탓에 슬슬 아픈 곳이 많아졌고 자주 일을 쉬었지. 이때부터 소득이 줄기 시작했어. 그래도 김 씨는 몸이 회복되면 언제든지 돈을 벌 수 있다는 생각으로 씀씀이를 줄이지 않았어. 하지만 김 씨의 몸은 회복되지 않았고, 수입이 완전히 끊기자 좋은 집과 자동차를 팔 수 밖에 없었어. 자산을 모두 처분해 그동안 쌓인 빚을 갚고 났더니 자식들 교육시킬 돈과 노후를 위한 돈이 턱없이 부족했지. 결국 다시 물을 길으러 나갈 수밖에 없게 된 거야. 아무리 몸이 아파도 말이야."

"반면, 이 씨는 어떨 것 같은가?"

"꾸준히 땅을 팠다면 파이프라인을 완성하지 않았을까요?"

"그렇지. 예상대로 김 씨가 아플 때쯤 이 씨의 파이프라인이 완성되었어. 가만히 앉아서 수도꼭지만 틀면 호숫가에 연결된 파이프에서 물이 콸콸 쏟아져 나왔지. 동네 사람들은

> 이 씨의 집 앞에 줄을 서서 물을 사갔고, 이때부터 이 씨는 많은 돈을 벌기 시작했어. 그리고 벌어들인 돈으로 사람들을 고용해 옆 동네까지 파이프라인 공사를 했고 말이야. 시간이 갈수록 이 씨의 금고는 돈으로 가득 찼고, 그 지역에서 가장 큰 부자가 됐어. 바보 같은 짓을 한다며 비웃음을 사던 가난한 젊은이가 그 동네에서 가장 큰 부자가 된 거야.
>
> _ 박종기, 《젊은 부자》, 140~143쪽

두 사람에게 머니세미나 수강생들의 추가소득 파이프라인 사례를 소개했습니다.

- 평소 와인에 관심이 많았는데 소믈리에 과정을 이수하고, 지금은 지인들에게 와인을 소개하고 판매하고 있습니다.
- 농사를 짓는 사람이 무슨 파이프라인이 있겠냐 하는데 제가 벌써 네 개나 가지고 있습니다. 첫 번째는 농사 수익, 두 번째는 배달, 세 번째는 나무 접붙이기 네 번째는 고물 수집입니다. 조만간 다섯 번째도 생길 겁니다.
- 학교 선생님만 하다가 은퇴를 앞두고 있는데, 아이들을 위한 동화책을 쓰고 있습니다. 조만간 출간이 되면 인세가 첫 번째 파이프라인이 되겠네요.
- 종잣돈 1억 원을 모아서 증권사에 넣었어요. 월 지급식 펀드에 넣었는데 매달 80만 원 정도가 들어옵니다. 아주 훌륭한 파이프라인이지요.
- 제가 호텔에서 근무를 하는데, 휴일에는 외국인 투숙객을 상대로 관광가이드를 하고 있어요. 호텔에서 마주치는 사람들이라 그런지 아주 편안해하고 만족

도가 높습니다. 서로 가이드해달라고 난리라니까요.

- 저는 미용사입니다. 퇴근 이후에 2시간씩 미용 기술을 가르치고 있습니다. 미용사 자격증을 갓 소지한 새내기를 상대로 고객들은 어떤 스타일을 좋아하며 어떤 서비스를 해야 하는지, 실무 위주로 교육을 해주는데 지금은 소문이 나서 미용실을 두 번이나 확장했답니다.

- 파이프라인은 뭐니 뭐니 해도 월세가 최고 아닙니까? 집 팔고 있는 돈 다 긁어 모아서 지방에 있는 대학 앞에다 원룸 하나 지었습니다. 매달 꼬박꼬박 들어오는 월세가 이렇게 기쁜 줄 몰랐습니다. 진작 알았으면 돈 버느라 스트레스 안 받았을 텐데 말입니다.

- 보험설계사를 하고 있습니다. 보험 영업을 하다가 문뜩 재무설계를 찾는 분이 많다는 걸 알고 유료로 재무설계를 하고 있습니다. 상품 판매에 대한 부담이 없어 서로가 만족하고 있답니다. 지금은 보험보다 재무설계에서 더 많은 돈을 벌고 있답니다.

이 외에도 파이프라인을 만들어 성공한 사례는 무수히 많습니다. 이들은 어떻게 해서 파이프라인을 만들었을까요?

바로 본인에게 시간과 돈을 투자했기 때문입니다.

김혜은 씨 부부에게도 매일 1시간씩 추가소득을 위한 자기계발을 시작하고 여기에 한 달에 10만 원을 투자하라고 했습니다.

: 김혜은 씨의 파이프라인 만들기 :

시간 (매일 1시간)		돈 (매달 10만 원)	
할 일	시간	사용처	금액
독서	30분	책 5권	60,000원
신문	30분	인터넷 강좌 수강료	40,000원
합계	1시간	합계	100,000원

한 달 후 남편에게 전화가 왔습니다.

"10만 원으로 쓸 것도 없고, 하루에 한 시간이 그렇게 긴 줄도 몰랐습니다. 뭘 해야 할지 몰라서 돈도 그대로 있고, 시간도 그냥 흘려보내고 있어요."

"우선 일주일에 한 권씩 책 읽으시고, 평소에 관심이 많았던 분야를 배워보세요. 세상의 그 많은 돈은 파이프라인을 꽂는 사람이 임자입니다. 어릴 적 꿈이 부자라고 하셨죠? 빨리 파이프라인부터 꽂으세요, 시간과 돈을 투자하는 게 파이프라인 공사의 시작입니다. 하기 싫고 할 것이 없더라도 차근차근 하다 보면 어느샌가 공사가 완료된답니다."

시간이 지나, 김혜은 씨 부부에게도 파이프라인이 생겼습니다.

혜은 씨는 홈페이지를 개설해 학생들을 상대로 '온라인 신문읽기 교실'을 운영하고 있습니다. 온라인상으로 진행되는 교육으로 초등학생, 중학생, 고등학생 단위로 세 개의 반을 만들고 매일 유용한 기사를 홈페이지에 올립니다. 매달 2만 원을 내는 유료회원들은 넘쳐나는 정보에서 혜은 씨가 골라준 기사를 읽고 이에 대한 생각과 느낌을 적으면 혜은 씨는 짧은 코멘트를 달아주었습니다.

김혜은 씨는 출근하기 전 1시간은 신문 기사를 올리고, 퇴근 후 1시간은 회원들에게 코멘트를 달아줍니다. 이렇게 매일 두 시간을 투자하여 100만 원가량의 수익을 올리고 있는데, 소문이 나기 시작하여 회원은 꾸준히 늘어나고 있습니다. 목표로 하는 200명의 회원이 생긴다면 매달 400만 원의 추가소득이 생기는 든든한 파이프라인을 갖춘 셈입니다.

남편 하지웅 씨는 현재 목공예 수업을 들으면서 향후에 추가소득을 벌 생각입니다.

이제 김혜은 씨 가족은 부자가 될 일만 남았습니다.

: _____의 파이프라인 만들기 :

시간 (매일 1시간)		돈 (매달 10만 원)	
합계		합계	

시간 (매일 1시간)		돈 (매달 10만 원)	
합계		합계	

김혜은 씨의 자산 변화 엿보기

- 지금까지 7단계의 재정관리를 통해 변화된 김혜은 씨 가족의 자산 현황을 살펴보겠습니다.

자산관리 첫해 (김혜은 32세, 하지웅 35세)

자산	1억 5,497만 원	전세 보증금 1억 원, 토지 5,000만 원
부채	3,600만 원	전세대출 3,000만 원, 마이너스대출 600만 원
저축	0원	매달 마이너스 70만 원

- 저축을 못해 답답한 심정으로 머니세미나에 참석
- ABC가계부를 통한 지출 관리로 190만 원의 저축 가능 금액을 마련함

- 다음은 현재의 계획을 실천했을 때 혜은 씨 가족의 자산 현황이 변화될 모습을 예상해본 것입니다.

: 자산관리 5년 후(김혜은 37세, 하지웅 40세) :

자산	2억 3,000만 원	전세 보증금 1억 원 + 종잣돈 통장 1억 3,000만 원
부채	0원	
저축	220만 원	대출 상환 후 종잣돈 통장 150만 원, 유정이 자립금 통장 15만 원, 개인연금 20만 원, 자기계발비 35만 원

- 대출 상환 후 매달 220만 원을 저축함(급여 인상), 토지 처분하여 종잣돈 통장에 입금
- 종잣돈을 모으면서 파이프라인을 만들기 위한 시간과 돈을 투자하기 시작
- 내 집 마련 성공(3억 원 전원주택, 대출 7,000만 원은 매달 150만 원씩 4년에 걸쳐 상환함)

: 자산관리 15년 후(김혜은 47세, 하지웅 50세) :

자산	5억 원	내 집 3억 원 + 종잣돈 통장 2억 원
부채	0원	
저축	570만 원	종잣돈 통장 A 200만 원, 종잣돈 통장 B 300만 원, 유정이 자립금 통장 15만 원, 개인연금 20만 원, 자기계발비 35만 원

- 기존의 종잣돈 통장 A에 200만 원씩 저축을 유지하면서 새로운 파이프라인을 통한 수익 400만 원 중 300만 원은 두 번째 종잣돈 통장 B를 만들어서 저축함
- 유정이 자립금 통장, 개인연금, 자기계발비는 그대로 유지함

: 자산관리 20년 후(김혜은 57세, 하지웅 60세) :

자산	10억 원	내 집 3억 원 + 상가건물 6억 원 + 종잣돈 통장 1억 원
부채	0원	
저축	770만 원	종잣돈 통장 A 200만 원, 종잣돈 통장 B 300만 원, 잣돈 통장 C 200만 원, 유정이 자립금 통장 15만 원, 개인연금 20만 원, 자기계발비 35만 원

- 경기도 수원 3층 상가건물, 9억 원에 매수(현금 6억 원, 보증금 1억 원, 대출 2억 원)
- 기존의 종잣돈 통장 A, B는 그대로 유지하면서 상가건물에서 들어오는 월세 중 이자 및 관리비 제외하고 남은 200만 원은 종잣돈 C 통장에 저축함
- 유정이 자립금 통장, 개인연금, 자기계발비는 그대로 유지함

돈이 없어 절절매던 김혜은 씨 가족은 자산관리를 시작한지 5년 만에 부자가 되는 시스템을 갖추었고, 20년이 지나자 부자 대열에 합류했습니다. 오로지 종잣돈을 모으고 자기계발을 통한 추가소득으로 이뤄낸 것입니다. 추가소득을 한정지어 계산했지만 실제로는 추가소득이 점점 더 늘어나 현재 두 배 이상의 자산을 보유하고 있습니다.

여러분도 남의 일처럼 생각만 할 게 아니라 나의 자질을 꺼내 새로운 파이프라인을 만들어야 합니다. 매일 시간과 돈을 자신에게 투자한다면 내가 몰랐던 자질을 알게 되고, 돈이 모여드는 세상을 배우게 됩니다. 돈 버는 시스템을 갖춘다면 누구나 부자가 됩니다.

부자가 되는 길은 요행이나 지름길이 없습니다.

김혜은 씨 부부처럼 지출 관리를 통해 저축할 돈을 마련하고, 꾸준히 저축한 돈으로 내 집을 마련하고, 여기서 멈추지 않고 계속 저축해서 자산을 늘려가는 것

만이 부자가 되는 유일한 길입니다.

이제 여러분도 미래에 어떤 식으로 자산을 늘리며 부자가 될지 직접 그려보기 바랍니다.

: 자산관리 첫해 (이름: 나이: 세, 이름: 나이: 세) :

자산		
부채		
저축		

: 자산관리 5년 후 (이름: 나이: 세, 이름: 나이: 세) :

자산		
부채		
저축		

: 자산관리 10년 후(이름: 나이: 세, 이름: 나이: 세) :

자산		
부채		
저축		

: 자산관리 15년 후 (이름: 나이: 세, 이름: 나이: 세) :

자산		
부채		
저축		

∶ 자산관리 20년 후 (이름: 나이: 세, 이름: 나이: 세) ∶

자산		
부채		
저축		

여러분의 풍요로운 인생을 응원합니다.

박종기

누구나 부자가 될 수 있도록 안내하는 머니 트레이너. 현재 머니앤리치스 대표로 경제 및 재정관리 교육을 하고 있다. 재정관리에 관한 그의 강의는 수강생들에게 놀랄 만한 변화를 불러일으키는 것으로 유명해 '부자 전도사'로 불린다. 지은 책으로 《부자 통장》《부자 탄생》《젊은 부자》 등이 있다.

부자들의 가계부

1판 1쇄 인쇄 2013년 10월 7일
1판 1쇄 발행 2013년 10월 14일

지은이 박종기
펴낸이 고영수
펴낸곳 청림출판
등록 제406-2006-00060호
주소 135-816 서울시 강남구 도산대로 남25길 11번지(논현동 63번지)
　　　413-756 경기도 파주시 교하읍 문발리 파주출판도시 518-6 청림아트스페이스
전화 02-546-4341　　**팩스** 02-546-8053

ⓒ 박종기, 2013
www.chungrim.com
cr1@chungrim.com

ISBN 978-89-352-0977-4 13320

잘못된 책은 교환해 드립니다.

| ABC 가계부를 먼저 쓴 머니세미나 수강생들의 추천사 |

가계부를 쓰다가도 쉽게 포기하곤 했는데 마음을 다잡고 다시 시작하려고 합니다. ABC 가계부를 쓴 지 두 달째, 벌써 낭비성 지출이 지난달보다 절반 정도 줄었답니다. _회사원, 이지연

지출 관리는 정말 자기 자신과의 싸움이더라고요. 생각 없이 다녔던 동네 마트에 대한 경각심도 생기고 생활 패턴도 바꾸게 됐습니다. _회사원, 김송이

가계부에서 낭비성 지출인 C항목을 보고 깜짝 놀랐습니다. 저축을 더 늘리는 건 절대 불가능하다고 생각했는데 그게 아니었네요. _주부, 이혜정

지금 중학교 2학년인데 대표님 말씀대로 10원도 빠뜨리지 않고 매달 꼬박꼬박 가계부를 쓰고 있어요. 책을 다 읽고 나니까 벌써 부자가 된 것 같습니다. _중학생, 김고은

이 책 본문에 실린 양식은 머니앤리치스 홈페이지 자료실에서 다운받을 수 있습니다.
www.money3.co.kr